日体大Vシリーズ
野 球

上平雅史／監修
運動方法研究室〔野球〕／編

BASEBALL

はじめに

　これまで、野球に関する出版物は技術書から読み物まで、さまざまな角度から多くの人の手によって書かれています。今回、日本体育大学運動方法研究室（野球）のスタッフにより本書を執筆するにあたり、内容的にも構成的にも他の出版物とは異なる独自性を持った専門書になるよう心がけました。

　指導者を読者対象の基本として、さらに競技者や愛好者の方々にも読んでいただくために、基本技術はもちろん、知っておくと役に立つ知識をそれぞれの項目の中で説明するようにしています。野球の技術は、本書で紹介するものが唯一絶対とは限りません。これは、戦術面にも戦略面にも言えることです。

　また、練習方法にしても人数や場所、設備などによって考慮すべきポイントは変化してくるはずです。これらの条件を念頭に、どのように自らのチームに取り入れ、どのように展開するかは、すべて指導者の判断によるところです。その根拠となる野球の基本理念を我々なりにまとめたのが本書です。

　限られたスペースの中で、野球に関するすべての情報を提供することはできませんが、現在、指導する、または実践する上でこれだけは必要だと考えられる事柄を整理してみました。大学野球で実践する、また、高校野球などで活躍する数多くの指導者を生んだ日体大の野球に触れてみてください。必ずや、指導、実戦のヒントになるものと思われます。

日本体育大学
運動方法研究室（野球）教授
野球部　部長　上平雅史

はじめに
対談・野球をもっと楽しく───────────7
　　　　　　　元慶應大学野球部監督　　前田祐吉
　　　　　　　日本体育大学野球部部長　　上平雅史
　　　　　　　司会・日本体育大学大学院教授　稲垣正浩

第1章　野球とは───────────23
　1．野球の楽しさと勝敗の行方　24
　2．野球のはじまり　25
　3．日本における野球のはじまり　25
　4．日本の野球　26
　5．世界の野球（オリンピック）　28

第2章　野手の技術───────────33
　1．投手　34
　　　①ボールの握り　　／②投球フォームの種類
　　　③投げ方　　／④牽制　　／⑤投手の守備
　2．捕手　48
　　　①サインの出し方　　／②構え　　／③捕球
　　　④走者が塁上にいるときの構え
　　　⑤ショートバウンドの処理　　／⑥捕球から送球
　　　⑦バント処理　　／⑧パップ・フライ処理
　　　⑨タッグ・プレイ　　／⑩フォース・プレイ
　3．一塁手　55
　　　①守備位置　　／②送球に対するフットワークと捕球技術
　　　③ゴロの処理　　／④バント処理　　／⑤二塁への送球
　　　⑥カットオフとリレー　　／⑦その他の守備
　4．二塁手　60
　　　①守備位置　　／②ゴロの処理　　／③ダブルプレイ
　　　④その他の守備
　5．遊撃手　64
　　　①守備位置　　／②ゴロの処理　　／③ダブルプレイ
　　　④カットオフとリレー

6．三塁手　68
　①守備位置　　／②ゴロの処理　　／③ダブルプレイ
　④バント処理　　／⑤カットオフ、リレー、ベースカバー

7．外野手　72
　①外野手の守備位置　　／②フライの捕球　　／③ゴロの捕球
　／④バックアップ　　／⑤送球

第3章　攻撃の技術ーーーーーーーーーーーーーー77

1．バットの選び方　78

2．バットの握り方　78

3．打ち方　79
　①スタンスと立つ位置　　／②構え
　③バックスイング　　／④ステップ　　／⑤スイング
　⑥フォロースルー

4．好打者になるための心構え　84

5．送りバント　85
　①スタンス　　／②バットの持ち方　　／③バットを構える位置
　④投球を捕らえる位置　　／⑤バットの角度
　⑥スクイズバント　　／⑦バントヒット　　／⑧バスター

第4章　走塁の技術ーーーーーーーーーーーーーー89

1．打者、走者の走塁　90

2．一塁走者の技術　91

3．二塁走者の技術　93

4．三塁走者の技術　93

5．スクイズ・プレイの走塁　94

6．一・二塁での一塁走者の走塁（単打）　95

7．盗塁　95

8．2アウト、1・3塁からのダブルスチール　96

9．二塁へのディレードスチール　97

10．スライディング　97

第5章　戦略 ―――――――――――――― 99
1．戦略（Strategy）　100
　①球場について　　／②審判について
　③相手チームと自チームについて　　／④その他
2．チーム分析法　103
　①分析要素　　／②分析用資料シート
　③戦略シート　　／④トレーニング計画

第6章　戦術 ―――――――――――――― 123
1．戦術（Tactics）　124
2．攻撃の戦術　124
　①攻撃の戦術パターン　　／②各局面における戦術
3．守備の戦術　140
　①守備隊形

第7章　チームという組織 ―――――――― 155
1．チームの持つ意味　156
2．チームの運営　158
3．チームの力　165
4．リーダーの役割　167

第8章　野球のコンディショニング ―――― 175
1．コンディショニング　176
　①Personal Conditioning Check表のすすめ
　②Personal Conditioning Check表の利用法

第9章　野球のトレーニングプログラム ──────── 183
1．ペリオダイゼーション（期分け）　184
　①準備期（プレ・シーズン）　　／②試合期（イン・シーズン）
　③移行期（オフ・シーズン）
2．成長期の選手のトレーニング　187
3．ウォームアップ　189
4．ウォームダウン　201

第10章　ビジュアルトレーニング ──────── 209
1．ビジュアルトレーニング　210
2．スポーツビジョンの種類　210
3．野球に必要なビジュアルトレーニング　213
4．トレーニング効果とその判断　215

第11章　野球による外傷／障害予防と応急処置 ──── 217
　1．野球による外傷、障害　218
　　①投球　　／②打撃　　／③走塁　　／④守備
　2．野球による外傷、障害予防　227
　　①正しい投げ方（投手：肩・肘の動き）
　　②成長期の注意点　　／　③選手が痛みを訴えたとき
　　④応急処置　　／　⑤筋肉痛チェック表

第12章　ベースボール型の授業計画 ────── 235
1．小学校高学年（5．6年生）を対象とした授業計画　236

「ベースボールの原風景」 ───────── 251
　　　日本体育大学大学院教授　　稲垣正浩

対談・野球をもっと楽しく

前田祐吉（元慶応大学野球部監督・アジア野球連盟事務局長）
上平雅史（日本体育大学教授・同野球部部長）
司会・稲垣正浩（日本体育大学大学院教授・スポーツ史）

野球との出会い

稲垣――『日体大Vシリーズ』を企画した者として司会をさせていただきます。どうぞよろしくお願いいたします。早速ですが、まずは、お二方の野球との出会いについてお伺いします。

前田――子供のころ周りを見ると皆、野球をしていました。私が野球を始めたのは、5歳の頃だったと思います。気が付いたら野球をやっていました。叔父が大変な野球好きで、兄や近所の友達と野球をしていると、よく教えてくれました。そのお陰で、私の兄は二人とも、中等野球の選手になりました。

上平――私は奈良県桜井市の出身ですが、終戦直後の何もない時代に育ちました。遊びと言えば、布で縫ったボールと自分で削った棒切れで野球のまねごとをするか、相撲を取るか、駆けっこをするくらいでした。

稲垣――前田先生はどちらのご出身ですか。

前田――私は高知県です。戦前は四国に、松山、徳島、高松など野球の強いチームがあり、高知は負けてばかりいました。終戦が中学3年で、本格的に野球を始めたのはそれからです。

稲垣――そうなんですか。いまでは，高知県は野球の盛んな県だという印象が強いですが……。

前田――戦後になってからです。私どもより少し後から、高知商業、高知高校、土佐高校、最近では明徳義塾が甲子園で活躍しています。

上平――奈良県では、私の母校（高田高校）と天理高校がしのぎを削っていました。後は御所工業。今は、智弁学園と天理、そして公立では郡山が頑張っています。

稲垣――戦後、『六三制、野球ばかりが強くなり』という川柳が

詠まれるくらい、日本の少年たちの間に急速に野球が浸透していくのですが、何がそうさせたのでしょうか。また、ベースボールと野球は似て非なるものと言われています。それは、日本的な同化、日本的な解釈をし、アレンジした結果、日本人好みの野球に変わったからだと思うのですが、いかがでしょうか。
前田——その通りです。アメリカのベースボールをそのまま受け入れたのではなく、日本の社会に適応するような形で取り入れていったのが、日本の野球だと言えます。その骨格をつくる上でもっとも大きな影響力を持ったのが、明治から大正にかけての国を挙げての富国強兵という考え方です。
稲垣——なるほど、日本という近代国家の骨格ができあがるときの考え方ですね。
前田——無駄を省き、国を富ませ、兵を強くすることにすべてを集中する時代に、スポーツとしてのベースボールではなく、野球を通じて青少年を鍛える精神野球に姿を変えたのです。
稲垣——こうして、日本の精神野球が誕生するわけですね。
前田——ええ、この風潮は今も強く残っています。つまり、国情に合うように一部の人たちが日本の野球を方向づけていったのです。このことが野球を日本に定着させ、盛んにさせた大きな要因であったと思います。その反面、ベースボール本来の姿をゆがめ、形を変えてしまったと言っても過言ではありません。
上平——日本の野球は、戦争を境に武道的な要素と教育的な要素を持って育ってきたと言えます。そのため、良い面と悪い面とが混在しているように思います。
前田——本来、スポーツであるベースボールが、日本に根を下ろす時（明治６年）に、日本にはスポーツという概念がなかった。からだを鍛えて、技を磨き、相手に勝つことから考えると、武道しかなかったのです。そこで、ベースボールが野球に名を

代え、武道の土に根を下ろしてしまったために、武道的な色合いを濃くしながら育ってしまいました。

稲垣——野球による「果たし合い」のようなものですね。

前田——もう一つの側面は、戦後、間もない日本人の体格では、9人がまとまる、団結する以外に強いチームはつくれなかった。優れた選手は少ししかいない。甲子園に出るようなチームには、素晴らしいピッチャーがいて、必ず4番を打っている。その他の8人はあまり上手くないというチームが多かった。

稲垣——そうですね。ワンマンチームが多かった。

前田——そのために、何とか相手ピッチャーを苦しめて1点でも多くとって逃げきる以外に戦法がなかったのです。いまでこそ、素晴らしいバッターが何人もいて、誰にでも打つチャンスがある。しかし、昔の野球はチーム一丸となって何とか工夫して1点取っていた。この姿勢が、国情にも、国民感情にも合い、さらには青少年の教育効果も期待できる。このことが、日本の野球を特殊なものにしていったのです。

稲垣——こうして日本型の野球が生まれたというわけですね。

前田——ですから、戦後、大リーグから助っ人がきて「海の向こうに、ベースボールに似たスポーツがある」と話したくらい、ベースボールと野球は色合いが違う。私はまさにこの違いを自ら体験した一人です。

上平——このような歴史的な背景から、『殺す』『死ぬ』という言い方や、『刺殺』『挟殺』、あるいは『憤死』など、本来の意味とは違った使われ方をしているのも戦争の影響と言えるでしょう。

稲垣——第2次世界大戦が始まった時に、敵国語である英語の使用が禁止されました。そこで、野球用語もすべて日本語に置き換えたのですね。置き換えるに当たり、戦争用語が野球に使われたために、上平先生が言われたような言葉になってしまい

ました。それが、今も残っています。もともと、野球用語を日本語に置き換える上でもっとも大きな貢献をした人物は俳人の正岡子規です（注：このことは、本書の最後の『ベースボールの原風景』で解説していますので、参考にしてください）。

高校野球の悪弊と改善の努力

稲垣――さて、この本は、中・高校生やその指導者を対象にしたものですが、現在の高校野球についてのご意見をお聞かせください。

上平――今の高校野球はさまざまな問題を抱えています。このままの姿ではいけないところと、伸ばしていかなくてはいけない部分と両面あります。

稲垣――たとえば、どんなところでしょう？

前田――いけない部分とは、古くさい歴史を今もひきずっているところです。その最たるものが、坊主頭で野球をする悪弊です。これは戦争時代の風体です。それが、戦後半世紀も経つ今、なぜ坊主頭なのか。彼らを外国に連れていくと、非常に奇異な目で見られます。今時、坊主頭で野球をしているのは、囚人か軍隊くらいなものです。

稲垣――いまどき、高校生の坊主頭は似合いませんよね。

前田――入場行進にしても、一糸乱れぬ行進を見て、感激する人もいるようですが、私は良い感情を持っていません。現代の若者、現代の気質に合ったものに変えていく必要があります。

稲垣――野球をやっているのは若者たちなのですからね。

前田――こんな話もあります。高校野球の地区予選で、ホームランを打った選手がサードコーチとハイタッチをしたら、アウトになったと言うのです。そのようなルールはないので、『走

者を助けた行為』というルールを適用したのです。この話は最近の出来事です。

稲垣——本当ですか？ それはまた驚きですね。

前田——そうなんです。このようなことが、躾の名の元に非常に多く残っています。その反面、高校野球連盟（高野連）は、世の中に合わせて改善しようと努力している部分もあります。

　たとえば、プロ野球出身者は、高校生を指導するのに10年の間隔が必要だったものが、5年になり、2年になってきています。このようなものは、そもそも必要ないと思いますが、年数は確実に少なくなっています。

稲垣——いずれは廃止することになるのでしょうね。

前田——いずれは、ね。また、入場行進の司会を高校生に任せたり、女子のマネージャーをベンチに入れることなども認められるようになってきました。

稲垣——それはいい傾向ですね。たしかに、野球が日本に初めに受け入れられたのが、大学や旧制中学です。その結果、野球は教育の一環である、青少年教育に役立つ、その精神が今日の高校野球にも受け継がれているのは事実ですね。

元慶応大学野球部監督　前田祐吉

日体OB監督の活躍

稲垣——ところで、甲子園に出てくる監督・コーチの多くが、日体大野球部の卒業生という話をよく聞きます。
上平——出身校別に見ると日体大が一番多いのでしょうが、数が多い少ないと言うことに対してはあまり関心がありません。
稲垣——ずいぶん、ご謙遜ですね。そうは言っても、教え子が甲子園に集まって来るのを見るのは楽しいことでしょうね。
上平——私は、学生と一緒に野球をしていたという意識が強いので、教え子という表現は好きではないのです。
前田——そうおっしゃいますが、卒業生は皆、上平先生の教えを受けたと思っていますよ。
稲垣——教えていないふりをして、実はしっかり身にしみこませているのが、一番上手な教え方だと、昔から言われていますから。
上平——日体大の野球は、歴史が浅いのです。ですから、従来の理論や伝統にこだわらず、自由にできたのが良かったと思います。
稲垣——なるほど、そういうメリットもありますね。
上平——戦前から部はありましたが、ある程度のチームの形になったのは、戦後、昭和24年ころの専門学校時代です。この時、プロ野球に進んだ選手もいました。しかし、本格的に活動が始まったのは、新制大学に切り替わり、首都大学リーグが発足した昭和39年からです。
前田——慶應は、古すぎるくらい伝統があるのですが、時に伝統が邪魔をする場合があります。「昔からずっとこのやり方できた、だからお前たちもこのやり方でやれ」となる。世の中は、目まぐるしく移り変わり、若者の気質も変わっています。体格も技術も戦術も変わっているのに、古いことを強制する。

稲垣——伝統校にはそれなりの悩みがある……。
前田——これでは駄目だと思います。伝統を守るということは、今の世の中に合わないものは捨てて、自分たちの時代の良いものを付け足して、次の世代に伝えていくことだ、とわたしは常々学生たちに言ってきました。

日体野球の原点

稲垣——上平先生の指導法と言いますか、日体大を卒業した監督さんたちの野球というのはどんなものだったんですか。
上平——日体大では、ないないづくしで野球をしていました。スタートしたころは、グラウンドはない、用具はない、指導者もいない。何もないところから出発しているので、工夫するしか方法がなかった。
稲垣——その工夫が大事なんですよね。
上平——そうなんです。みんなで知恵を出し合って、工夫に工夫を重ねるわけです。ですから、その場の状況に応じた工夫をする訓練はできていると思います。グラウンドがない時は、他のクラブが使う前に練習をするので、星空の下でグラウンド整備をしたものです。当時は、日体大の中で野球があまり認知されていなかったので苦労しました。
稲垣——その苦労が日体野球を形成していくわけですね。
上平——技術や練習に関しても、何もありませんから、いろいろな指導者の方々にお出でいただいて、教えを乞いました。
稲垣——どんな方々にお出でいただいたのですか。
上平——30年くらい前になりますが、審判で有名な郷司裕氏には、「後ろから見た野球」を、また明治の光沢毅氏、慶應の榊原敏一氏、そして本日、対談をお願いした前田さんには、ずっ

と教えを受けています。このようにたくさんの指導者の良い影響を受けて日体大の野球ができていったと思っています。
稲垣——卒業生の皆さんも、野球とはこうだといった固定観念に満足することなく、良いものは良い、と常に新しい野球を目指す進取の精神を養ったと言えますね。
上平——そのとおりです。練習法にしても技術にしても全部そうです。服装などにしても、常に合理性を求めて取り入れてきました。今でこそ、夏にTシャツで練習するのは当たり前ですが、導入したのは日体大が一番始めだと思います。このようなことは、竹竿四本でバッティングケージをつくった、40年前から続いています。
稲垣——監督さんは指導者であり、プレイをするのはあくまで選手です。その選手たちをその気にさせるにはどうすればよいのでしょう。監督経験の豊富なお二方にその秘訣を伝授していただけませんか。
上平——日体大には、一時期、一学年に100人を越える部員がいました。ですから、4学年で400人です。
稲垣——えっ、400人も、ですか。
上平——これは、入部を希望する学生をすべて受け入れたからです。入部を希望する学生の中には、プレイヤーとして活躍したい者もいれば、指導者になった時に、生徒に野球を教えたいという者もいます。
稲垣——なるほど。それにしても、これだけの数の部員を掌握していくのは大変なことですね。
上平——今はだいたい一学年60人前後ですが、その部員一人一人に目標を持たせるための環境をつくらなければなりません。
前田——慶應の場合は4学年で100人です。それでも一人一人に目標を持たせ、選手がやり甲斐を見つけていくのは難しい。

稲垣——選手一人一人を見極める眼力は大変なものですね。
上平——そのような眼力は、持ち合わせていなかったので、学生自身に選ばせるようにしています。いくつかのステップを用意して、選手がステップアップしていくような環境を用意するわけです。
稲垣——前田先生は、やる気を起こさせる方法については？
前田——レギュラーを選抜するのが大変でしょう、と良く言われるのですが、そうでもないですね。同じグラウンドで、野球をしていると優劣は自然に分かってきます。これは、学生同士でも分かります。
稲垣——そういうものなんですかねぇ。
前田——上平先生も私も、アメリカの大学と交流していますが、選手は1チーム30人だと言うのです。私どもは100人だというと非常に驚きます。日体大が400人などと言えば腰を抜かすのではないでしょうか。
上平——日体大は部員数が多いと言っても、すべてがプレイヤーではありません。プレイヤーの中でも社会人やプロを目指すグループと、とにかく野球が好きでどこまでできるか試すグループ、そして、コーチングを主にする者、トレーニングを主に

日本体育大学野球部部長　上平雅史

する者、ジャッジメントを勉強する者など、個々の技術や興味によってグループを分けています。
稲垣——将来の進路を視野に入れた環境を用意されたのですね。

指導のポイントは？

稲垣——ところで、部員を指導する上でのご苦労も多いと思いますが……。
上平——残念ながら、途中で挫折する者がでました。今思えば、本当に申し訳ないと思います。一人一人を把握し、理解するのは大変に難しいことです。
稲垣——大学生であれば、ある程度、自立した考えも持てるでしょうが、高校生などは、良い方にも悪い方にも影響されやすいわけですから、高校野球の監督さんはもっと大変でしょうね。
前田——私は経験がなく、高校の監督さんのお役に立つかどうか分かりませんが、アメリカの野球技術書の中に「サンドウィッチ・メソード」ということが書いてあります。
稲垣——それは、どういう方法なんですか。
前田——サンドウィッチですから、片側のパンは「ほめる」です。挟む中身は「注意」。指導者であれば注意は絶対にしなければなりませんが、注意の仕方が指導者の値打ちを決めるのです。もう片側は「激励」です。まず、ほめなさい、そして注意して、励ますのです。しかも、注意は簡潔にしないとパンからはみ出ます。もうひとつ、注意にトゲがあってはいけない。パンが破けるからです。
稲垣——なるほど。これは分かりやすいですね。
前田——とくに、最近の選手ほどデリケートなので、「注意」することに気配りをしてあげれば、気持ちよく努力すると思い

ます。現に、私は大学生にこのように接してきましたが、割合に効果があったように思います。

稲垣——まず、ほめる。まず、部員にとっては認められることが先決で、それがないと存在が無視されることになりますからね。これは、人に対する大切な接し方ですね。

上平——私は高校野球の監督を3年間やりました。その時は、部員も集まらないようなチームだったので、おだてて、ほめながらやらないと、部員がいなくなってしまう。それでも大阪の大会で5回戦まで行き、あの江夏に1対0で負けました。

稲垣——じつは、ほめ方というのは難しいんですよね。

上平——その後、30年以上大学の監督をしていますが、半分以上は叱って、怒鳴ってという日々でした。しかし、後半は、できるだけ一人一人に声をかけようと思い努力しましたが、これも充分にできたとは言えず、反省しています。

稲垣——ところで、野球を通して学ぶもの、それはどんなことでしょうか。

前田——私の尊敬する、慶應の小泉信三先生の言葉ですが、これは野球だけではなくどのスポーツにも通じる言葉ですが、「スポーツの3つの宝」というのがあります。まず第一に、練習で「不可能を可能にする体験」ができる。努力をすれば、できなかったことができるようになる。そして、二つ目が「フェアプレイの精神」を体得できる。最後に「生涯変わらぬ友情が得られる」というものです。

稲垣——なるほど。いずれも大事な宝ものですね。ところで、負けることの中から学ぶことも多いと思うのですが……。

前田——野球というスポーツは、失敗のスポーツだと言えます。成功率が低いスポーツなのです。ですから、わたしは練習でも試合でも失敗を恐れてはいけない、と常に言っています。失敗

しても、失敗から学び、次にどうするかを考えれば良いのです。三割バッターと言えども7回は失敗しているのです。
稲垣——人生、七割失敗しても三割良い仕事をすれば上出来ということですね。

野球は楽しむもの

上平——あまり「学ぶべきもの」を押しつけない方がいい、とわたしは考えています。ですから、子供たちを指導する場合には、まず、野球が楽しい、おもしろい、ということを大切にしてほしい。その楽しさを、より楽しいものにしていくために、これだけは守ろう、と言う形にしていった方がいいと思います。
稲垣——まったく同感ですね。まず、楽しくなくちゃ。
上平——少年野球の指導に行くと、おかあさん方からどうすれば上手くなるかと聞かれますが、上手くなることを期待するのではなく、楽しく野球を続けることが大切ですと言っています。
前田——そうですね。慶應には「エンジョイ・ベースボール」という言葉が受け継がれていますが、評判が良くない。私は、誇りに思い、大切にしてきたのですが、先輩諸氏に言わせると「楽しんでいて、野球が勝てるか」となるのです。
稲垣——「エンジョイ」ということばの意味が違うんですよね。
前田——そうなんです。私は選手に本当に野球をエンジョイするためにこそ、皆でベストを尽くそう、と言っています。誰かがそっぽを向いていたら楽しくない。仲間への気配りをする、それがチームワークです。自分たちで工夫して、自発的に努力する。これらがあって、はじめて野球が楽しめるのです。選手には、本当に楽しめなければ、良い選手にはなれないよ、もっと楽しめ、とはっぱをかけていました。

稲垣——正しく理解すれば、奥の深い言葉なんですよね。
上平——野球ほど楽しいスポーツはありません。野球の楽しさを極めていただきたい。
前田——野球は、教育という大きな枠組みの中では、決してメインではありません。野球をすることで教育的な効果はありますが、野球を一生懸命やっても、立派な教育をしたことにはならない。野球を一生懸命にやったからと言って、立派な人間になると言うことではないのです。やはり、学生の本分である勉強を含め、学ぶべき事柄をきちんと学ばなければいけません。指導者も野球だけやれば良いというのではなく、学業もきちんとしているか目配りをしてほしい。野球しかしていないようではいけません。野球は教育の代用にはならないのです。
上平——最後に、野球の指導に対して苦言を呈しておきます。現在の指導は、画一的な精神論があまりにも多い。グラウンドに入る時になぜ帽子を取るのか。グラウントになぜ礼をすることを強制するのか。
前田——私は、グラウンドにお辞儀をしている子を見つけ、なぜお辞儀をするのか尋ねたことがあります。すると、自分を鍛えてくれる「神聖な場」だと言う。君の本分は、学業ではないのか、教室に入る時にお辞儀をしますか、と尋ねると、そんなことはしない。教室に入る時にお辞儀をしなさいと言っているのではありません。教室に先生がいたり、グラウンドに指導者がいるのであれば、あいさつをするのは分かります。

　また、声を出すのが野球界では定説です。私は慶應の監督を二度経験していますが、間隔が15年ほどあったのです。久しぶりにグラウンドに行くと、学生が大きな声でキャッチボールをしている。しかし、よく見るとまったくボールが飛んでいない。そこで、学生を集めて「黙ってやりなさい、プレイ中に、そん

なに大きな声を出しますか」そう言ってもう一度キャッチボールをやらせると、たちまち生き生きとしたボールが、今までの倍も行き来するようになるのです。
稲垣——そんなに変わるものですか？
前田——そうなんですよ。声を出せ、あいさつをしろ、こういった野球の技術とは直接関係ないことが多すぎます。子供たちの野球も賑やかを通り越している。また、味方を激励するのならまだ良いが、相手をやじるのも野球の悪いところです。社会人野球などは、やじが汚くて仕方ない。声を出すと言う習慣が、間違った方向で伝わっているのです。
稲垣——はじめは、意気消沈しているチームに活力を出させようと、声を出せと言ったのでしょうが、それが形骸化して、声を出すことだけが残ったのでは本末転倒ですね。
上平——肝心な時は声を出さずに、よけいな時ばかり大声を張り上げる。このように野球には、戦争を境に日本的な精神教育が色濃く残っている部分があります。このような習慣は、次世代に伝えていく必要はないように思います。
　最後に、声を大にして言っておきたいことは、スポーツとしての野球を、楽しい野球を普及していただきたい、ということです。

第1章　野球とは

大貫　克英

1．野球の楽しさと勝敗の行方

　1998年12月、小学校、中学校の新しい学習指導要領が示され、小学校3・4年のゲーム領域でベースボール型ゲームが、また、中学校の球技の領域にはソフトボールが含まれることになり、地域や学校の実態に応じてその他の運動（ベースボール型）についても履修できることになった。
　野球の楽しさは、攻守交代がはっきりと分かれており、攻撃時間の長短はあるが必ず同じだけのアウトカウントまで攻撃できることや、打者としてすべての選手が打席に立つチャンスがあることなどである。また、投げる、捕る、打つ、走るなどの多くの運動要素からなり立っていることも魅力の一つである。
　他のスポーツと野球を比べてみると、通常、球技は最初にボールを持っている方が有利とされ攻撃をすることになる。しかし、野球の場合はボールを最初に保持しているのは守備側の投手であり、得点することはできない。
　ベースボール創成期、投手は打者に打たせることを目的にしていた。そのため、下手投げ（ピッチ・pitch）が義務づけられており、現在のような上手投げ（スロー・throw）は許されていなかった。どのような投法も認められるようになったのは1884年のことで、投手は打者を打ち取るために投球モーション（上手・スリークォータ・横手・下手）や投球の速度（ファーストボール・チェンジアップ・フォークボールetc）、投球の軌道（カーブ・スライダー・シュートetc）などの変化を利用するようになった。
　打者は攻撃の選手でありながら、投手の多種多用な変化に常に対応しなければならなくなったのである。このことから投手

は唯一、能動的な立場のプレイヤーとなり、いかに積極的に攻めることができるか、また、投手の起用法において終始主導権を握り続けることができるかが勝敗を分ける大きな要素となってきている。

2．野球のはじまり

　ベースボール名誉の殿堂（National Baseball Hall of Fame）は、アメリカ・ニューヨーク州のクーパーズタウンにベースボール誕生100周年を記念して1939年に完成した。
　その100年前、アブナー・ダブルデーによって従来行われていたタウンボールとは違う新しいルールによるボールゲームが始められた。これは攻撃側と守備側に分かれ、ピッチャー、キャッチャー、各塁に3人と内野手2人、外野手4人の合計11人の選手が守備につくものであった。これをベースボールの起源とする説である。
　当時、ベースボールは英国で生まれたラウンダーズを改良したゲームであると唱えていたヘンリー・チャドウイックとベースボールはアメリカのスポーツであるとの強い信念を持つA・G・スポルデイングが、起源説論争を繰り広げていた。この論争をきっかけに設置された、ベースボールの起源究明委員会（エブラハム・G・ミルズ委員長）は1907年暮れにアブナー・ダブルデーの説をベースボールの起源とすると結論づけた。

3．日本における野球のはじまり

　1870年代の初頭、日本に野球が伝わって以来、すでに120年以上の年月が経過している。野球の渡来についてはさまざまな

説がある。一般的には明治6年開成学校（現在の東京大学）の米人教授ウイルソン、同校予備教師マジェットにより学生たちに伝えられたとされている（明治41年の雑誌「運動世界」の本邦野球沿革史）。また、「日本野球創世記」（君島一郎著、ベースボール・マガジン社）によれば、その前年の明治5年、開成高校の前身である第一番中学校で当時すでに行われたとされている（当時の新聞『日本』に寄せられた好球生投のベースボールの来歴を根拠）。さらに、各地の学校における米国人教師が伝えていたとの説もあり、開拓使仮学校（現在の北海道大学）、熊本洋学校などでもすでに野球は行われていた。

　野球がその後、普及する大きな要因となったのが明治11年に日本最初の野球チーム「新橋倶楽部」が誕生したことである。国内最初の対外試合は、明治15年新橋倶楽部と駒場農学校の間で行われた。また、野球の国内伝番に一躍かっていたのが体操伝習所を卒業し、全国の学校に赴任していった体育の教師たちであった。

　野球という訳語は、明治27年一高野球部、中馬庚によりはじめて使用されるようになった。野球とは"Ball in the field"球を追い、野を駆け巡ることである。また、野球をこよなく愛した正岡子規は、その作品の雅号に「野球」「能球」を使用した。

　こうして始まった野球は、日本を代表するスポーツになるまでに、さまざまな経過を経て今日に至っている。

4．日本の野球

　現在、日本国内の野球は高校野球、大学野球、社会人野球、プロ野球以外にも盛んに行われており、その目的に応じルールを変えることで非常に多くの人々が楽しめるよう工夫されてい

る。使用するボール、投本間、塁間などの工夫は、底辺拡大に大きな役割を果たしている。

　日本独自の軟式球は、従来の硬式球に比べて弾力性に富み耐久性に優れているので、危険の防止はもちろん、硬式に比べ打球が飛ばないため狭い場所でも行える。

　また、近年、盛んに行われているティーボールは多くのプレイヤーに打つ楽しみを実感させながら楽しむことのできるベースボール型ゲームとして広く行われるようになっている。

　日本野球界の各団体を全日本野球会議がまとめたのが**表1**である。また、そこにある主な団体についての加盟チームおよび使用球、投本塁間についてまとめたのが**表2（次頁）**である。

表1

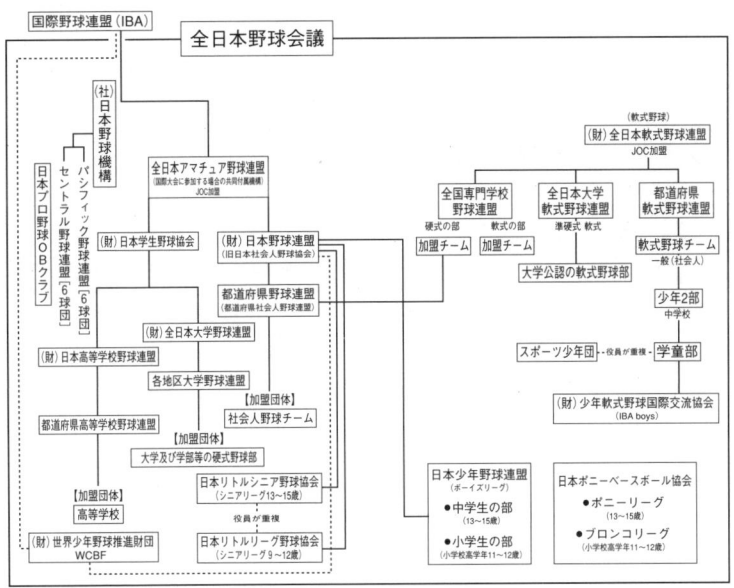

表2　　　　　　　　主な野球団体の現況

	チーム数	年齢（学年）	使用球	塁　間	投本間
日本野球連盟					
企業チーム	133		硬式	27.43m	18.44m
クラブチーム	203		〃	〃	〃
全日本大学野球連盟	338		硬式	27.43m	18.44m
日本高等学校野球連盟					
硬式	4,159		硬式	27.43m	18.44m
軟式	579		軟式A号	〃	〃
全日本軟式野球連盟					
一般社会人	39,006		軟式A号	27.43m	18.44m
中　学　校	3,578		〃 B号	〃	〃
小　学　校	15,010		〃 C号	23m	16m
日本少年野球連盟		6〜10歳　軟式	軟式C号	22.86cm	15.36cm
（ボーイズリーグ）	463	10〜15歳　硬式	硬式	27.43m	18.44m
日本リトルリーグ野球協会	713	9〜12歳　硬式	硬式	18.29m	14.02m
日本リトルシニア野球協会	350	中学1〜3年	硬式	27.43m	18.44m
日本ポニー		ブロンコ　11〜12歳	硬式	21.34m	14.63m
ベースボール協会	105	ポニー　13〜14歳	〃	24.38m	16.46m

5．世界の野球（オリンピック）

　1999年9月、シドニーオリンピックアジア地区予選が韓国で行われた。全日本にはプロ野球のレギュラー選手を初めて参加させ、アマチュア選手との合同チームで見事にシドニーオリンピックへの出場権を獲得した。
　アメリカ・アトランタ州で開催された第26回オリンピックで全日本チームは銀メダルを獲得している。92年のバルセロナ大会から野球が正式競技となったが、この大会では3位であった。オリンピックと野球の関係は意外と古い。1904年の第3回セントルイス大会ではエキジビションゲームとして、1912年のストックホルム大会ではデモンストレーションゲームとして行われ

ている。1936年のベルリン大会、1956年のストックホルム大会でもそれぞれデモンストレーション競技として行われ、12万人もの観衆が集まった。

　一つの競技がオリンピックの正式種目になることは、その種目が50カ国および3つの大陸で広く行われていることが条件となっている。このことを実現させるため、世界の野球組織は広がりを見せ、結びつきを強めていった。

　野球の国際的な組織が発足したのは、1937年の国際アマチュア野球連盟（IABF）で、加盟国はアメリカ、イギリス、フランス、キューバであった。1938年には第1回世界アマチュア野球選手権大会がイギリスで開催されている（優勝国はイギリス）。1939年にはその名称をFIBAと改称し、1971年の19回大会までの間は名称こそ世界選手権であったが、アメリカ大陸および中南米を中心としていた。

　1972年にニカラグアで開催された第20回大会からは4つの大陸から16カ国の参加があり、世界の名にふさわしい大会となった（世界的な大会に初めて参加した日本は2位であった）。この翌年の1973年、FIBA（Federation International Baseball Amateur）とFEMBA（Federation Mundial Baseball Amateur）に分裂し、世界アマチュア選手権（FIBA主催で8カ国参加）、インターコンチネンタルカップ大会（FEMBA主催で11カ国参加）がそれぞれ開催された。しかし、野球の普及振興、オリンピック正式種目への活動を行う上で、組織の一本化は不可欠であった。

　野球を世界に普及振興することは、単にオリンピックの正式種目になるだけではなく、国や文化を越え多くの人々に野球の持つ素晴らしさを知ってもらうためである。そのためには、野球における世界的な組織の編成が求められた。そこで、1976年

1月4日、2つの組織は統一され、AINBA（Association international baseball amateur）国際野球連盟（公用語はスペイン語と英語）が誕生し、31カ国の加盟で本格的な活動が開始された。2年後の1978年、AINBAの加盟国は38に増え、IOCから正式に野球の統括団体として承認された。この年イタリアで第25回の世界選手権が開かれ、80年には日本、82年には韓国で開催、アメリカ大陸以外での大会が続いたのである。

　野球を正式種目へと結びつけた大きな要因となったのが、1984年ロサンゼルス大会であった。8チームが参加し、8日間で行われた競技に集まった観衆は36万人を越え、陸上競技、サッカーに次ぐ人気であった。そして、1986年10月13日スイス・ローザンヌでのIOC総会で、1992年バルセロナ大会から正式種目として採用されることが決定した（1984年ロサンゼルス大会以降の成績は**表3**アマチュア野球の世界大会を参照）。また、1996年アトランタオリンピックの後に開かれたIBAの臨時総会でプロ選手の参加が認められるようになった。

　現在、IBA（International Baseball Association．1985年に名称を変更）の加盟国は105に増え、世界選手権大会（偶数年）インターコンチネンタルカップ大会（奇数年）が行われている（世界選手権大会は1990年から4年に1回とし、オリンピックの間に行う）。

第1章 野球とは

表3 アマチュア野球の世界大会

年度	大 会 名	回 数	開催国	参加国	優 勝	2 位	日本の順位
1938	世界選手権	第1回	英国	2	英国	アメリカ	
1939	〃	第2回	キューバ	3	キューバ	ニカラグア	
1940	〃	第3回	キューバ	7	キューバ	ニカラグア	
1941	〃	第4回	キューバ	9	ベネズエラ	キューバ	
1942	〃	第5回	キューバ	5	キューバ	ドミニカ	
1943	〃	第6回	キューバ	4	キューバ	メキシコ	
1944	〃	第7回	ベネズエラ	8	ベネズエラ	メキシコ	
1945	〃	第8回	ベネズエラ	6	ベネズエラ	コロンビア	
1947	〃	第9回	コロンビア	9	コロンビア	プエルトリコ	
1948	〃	第10回	ニカラグア	8	ドミニカ	プエルトリコ	
1950	〃	第11回	ニカラグア	12	キューバ	ドミニカ	
1951	〃	第12回	メキシコ	11	プエルトリコ	ベネズエラ	
1952	〃	第13回	キューバ	13	キューバ	ドミニカ	
1953	〃	第14回	ベネズエラ	11	キューバ	ベネズエラ	
1961	〃	第15回	コスタリカ	10	キューバ	メキシコ	
1965	〃	第16回	コロンビア	9	コロンビア	メキシコ	
1969	〃	第17回	ドミニカ		キューバ	アメリカ	
1970	〃	第18回	コロンビア	12	キューバ	アメリカ	
1971	〃	第19回	キューバ	10	キューバ	コロンビア	
1972	〃	第20回	ニカラグア	16	キューバ	アメリカ	4位(初参加)
1973	世界選手権(FIBA主催)	第21回	キューバ	8	キューバ	プエルトリコ	不参加
	〃 (FEMBA主催)	第22回	ニカラグア	11	アメリカ	ニカラグア	不参加
	インターコンチネンタルカップ	第1回	イタリア	8	日本	アメリカ	
1974	世界選手権	第23回	アメリカ	9	アメリカ	ニカラグア	不参加
1975	インターコンチネンタルカップ	第2回	カナダ	8	アメリカ	日本	
1976	世界選手権	第24回	コロンビア	12	キューバ	プエルトリコ	3位
1977	インターコンチネンタルカップ	第3回	ニカラグア	9	韓国	アメリカ	3位
1978	世界選手権	第25回	イタリア	11	キューバ	アメリカ	4位
1979	インターコンチネンタルカップ	第4回	キューバ	6	キューバ	日本	
1980	世界選手権	第26回	日本	12	キューバ	韓国	3位
1981	インターコンチネンタルカップ	第5回	カナダ	8	アメリカ	キューバ	6位
1982	世界選手権	第27回	韓国	10	韓国	日本	
1983	インターコンチネンタルカップ	第6回	ベルギー	8	キューバ	アメリカ	不参加
1984	世界選手権	第28回	キューバ	16	キューバ	台湾	4位
	ロスアンゼルスオリンピック (公開競技)		1位-日本、2位-アメリカ、3位-中華台北、4位-韓国 (参加国 イタリア・カナダ・ニカラグア・ドミニカ)				
1985	インターコンチネンタルカップ	第7回	カナダ	8	キューバ	韓国	3位
1986	世界選手権	第29回	オランダ	12	キューバ	韓国	5位
1987	インターコンチネンタルカップ	第8回	キューバ	10	キューバ	アメリカ	3位
1988	世界選手権	第30回	イタリア	12	キューバ	アメリカ	4位
	ソウルオリンピック (公開競技)		1位-アメリカ、2位-日本、3位-プエルトリコ、4位-韓国 (参加国 オランダ・カナダ・中華台北・オーストラリア)				
1989	インターコンチネンタルカップ	第9回	プエルトリコ	7	キューバ	日本	
1990	世界選手権	第31回	カナダ	12	キューバ	ニカラグア	5位
1991	インターコンチネンタルカップ	第10回	スペイン	10	キューバ	日本	
1992	バルセロナオリンピック (正式競技)		1位-キューバ、2位-中華台北、3位-日本、4位-アメリカ (参加国 プエルトリコ・ドミニカ・イタリア・スペイン)				
1993	インターコンチネンタルカップ	第11回	イタリア	10	キューバ	アメリカ	3位
1994	世界選手権	第32回	ニカラグア	16	キューバ	韓国	3位
1995	インターコンチネンタルカップ	第12回	キューバ		キューバ		
1996	アトランタオリンピック (正式競技)		1位-キューバ、2位-日本、3位-アメリカ、4位-ニカラグア (参加国 オランダ・イタリア・オーストラリア・韓国)				
1997	インターコンチネンタルカップ	第13回	スペイン	8	日本	キューバ	
1998	世界選手権	第33回	イタリア	16	キューバ	韓国	5位

参考文献一覧
『真説日本野球史―明治編―』大和球士　ベースボール・マガジン社
『真説日本野球史―大正編―』大和球士　ベースボール・マガジン社
『真説日本野球史―昭和編その１―』大和球士　ベースボール・マガジン社
『世界アマチュア野球史』カルロス・Ｊ・ガルシア　ベースボール・マガジン社
『翔べ、バルセロナへ』軍司貞則　集英社
『ベースボール創世記』佐伯泰樹　新潮選書
『日本野球創世記』君島一郎　ベースボール・マガジン社
『野球場大辞典』柳沢政義　大空社
『体力・スポーツに関する世論調査』（総理府）内閣総理大臣官房広報室
『スポーツ学のみかた』アエラムック　朝日新聞社

第2章 野手の技術

大西　昌美

1．投手

　良い投手を持つことは、チームを勝利に導くための重要なポイントである。この章では、ボールの握り方から、投球フォームの種類と投げ方、そして牽制や守備についての基本技術を説明する。

1）ボールの握り

①ファースト・ボール
　(1) 4シーム(The Rising Fastball)のグリップ
　ボールの縫い目の広い部分に、人差し指と中指を直角にかけ、親指はその二本の指の真下にくるようにして握る。この直球の特徴はコントロールしやすく、とくに球速のある投手にとっては回転のある、浮き上がるようなボールを投げることができる。
　(2) 2シーム（The Sinking Fastball）のグリップ
　ボールの縫い目の狭い部分に沿って、人差し指と中指をかけ、親指はその二本の指の真下にくるようにして握る。4シームとは反対に、縫い目による空気抵抗が少ないので沈みやすい性質を持っている。とくに球速があまりない投手に、適した握りであると言える。

第 2 章　野球の技術

②カーブ
カーブのグリップ

ボールの縫い目に沿って中指を置き、人差し指は横にそえる。直球を投げるときよりもやや深めに握り、親指は下側の縫い目にかかるように握る。

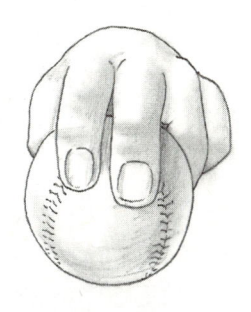

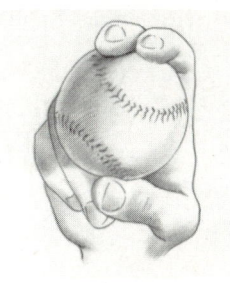

③スライダー
スライダーのグリップ

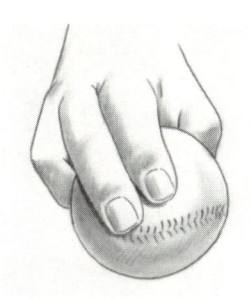

カーブと同じような握りであるが、カーブのように深く握らず、ボールの中心よりわずかに右側を握る。

④チェンジ・アップ

ボールを手のひらに押し込むように握り、親指をボールの真横にそえて投げるのが一般的である。

(1) 3本指のチェンジ・アップのグリップ
人差し指、中指、薬指の3本の指で包むように握る。

(2) サークル・チェンジ・アップのグリップ
ボールの側面に人差し指と親指で円をつくり、中指、薬指、小指でボールを支える。

⑤スクリュー・ボール

スクリュー・ボールのグリップ
スライダーの握りとは逆に、ボールの中心よりわずかに左側を握る。左投手が主に使用。

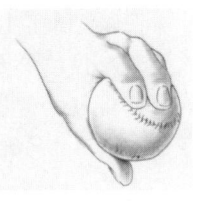

⑥フォーク・ボール

フォーク・ボールのグリップ
人差し指と中指の間に、ボールを挟んで握る。手が大きく指の長い投手でなければコントロールが難しい。

⑦ナックル・ボール

ナックル・ボールのグリップ
人差し指、中指、薬指の3本を曲げ、その指の爪が縫い目にかかるようにし、親指と小指でボールの両側を支えるように握る。

2）投球フォームの種類

投球フォームは、主として次の4種類がある。

①オーバー・ハンド
　投手の最大の武器である速球を投げるには、最も適した投球フォームといえる。肘の位置を高く保ち真上から真直ぐ投げ下ろす。

②スリークォーター
　オーバー・ハンドとサイド・アームとの中間の投法で、コントロールをつけやすく、一番自然で無理のないフォームといえる。

③サイド・ハンド
　投げる腕が地面と平行にでる投法で、変化球を投げやすいという利点がある。

④アンダー・ハンド
　サイド・ハンドよりも低い位置から投げるこの投法は、ボールが浮き上がったり、沈んだりして見えるので、非常にタイミングがとりずらく打ちにくい。

3）投げ方

①ワインド・アップとノー・ワインド・アップ・ポジション

　キャッチャーからのサインを受けるときは、必ずピッチャーズ・プレートに軸脚を置かなければならない。ワインド・アップ・ポジションから投球を始めるときは、できる限りバッターから見えないようにボールをグローブの中に隠す。そのため、投手はできるだけ大きなグローブを使うべきである。このことは単に、球種を盗まれるのを防ぐだけでなく、痛烈なゴロやライナーが飛んできたときに自分を守ることもできる。

(1) ワインド・アップ・ポジションからの投球は、両手を頭の上にあげると同時に後ろにあるフリー・フット（ステップする足）に体重を移すことから始まる。この動作によって、リズムと反動を得ることができる。しかし、反動をつけすぎたワインド・アップ・モーションはバランスを崩す原因になる（**右図**）。

(2) ノー・ワインド（パンプ）・ポジションは、その点バランスがとりやすく、安定した投球動作に入りやすい。どちらにしても、バランスを崩さずに、そしてターゲットをしっかり見なければならない。

(3) 足を上げる

フリー・フットを上げてテーク・バックに入るが、その膝が遠回りせず、できるだけからだの近くを通るようにしながら、バランスを崩さない範囲で、できるだけ高い位置を保つことが理想である（位置エネルギーの確保）。

また、このとき、軸足の真上の位置に頭がくるように心がけることが大切である。軸足を固定させることは、力強い投球とコントロールされた投球をすることの第一歩である。

(4)体重の移動（ステップ）

　ステップに移るとき、脚から出すのではなくヒップから出すようにする。このとき軸足を曲げすぎたり、からだをひねりすぎたりせず、ちょうど大木が倒れるようなイメージで上から投げ下ろす。踏み出した足が着地したとき、ステップしたつま先、膝、肘、鼻、がしっかりと投げる方向に向いていなければならない。このときの両肘は、肩の高さを保っていることが大切である。

(5)腕の振り

　両手で保持されたボールは、りんごを割るような感覚でセンター方向に小指がくるように振り始め、肩、肘、手首に余分な力を入れずにしなやかに回旋させる。手に持ったボールは投球の始動からリリースまでできるだけ軸足の上、または軸（軸足〜頭の垂直方向）に近い位置で回旋させ、始終打者から見えにくいように工夫をする。腕は高く上げた足が着地し、軸足に残った体重が前側の足に移行する時に下半身から力を得て力強く振る。

　腕を回旋させるときに肩甲骨を動かすことで肘や手がスムーズに上がる。また、腕やボールを持った手が両肩を結んだ線よりも背中方面に引きすぎないように注意する（肩甲骨の動きが制限されてしまうため）。

(6)リリース

　リリースの瞬間にすべてのパワーを爆発させる。肘、肩がボールを持つ手より先行することによって、しなりが生まれる。

無理にスナップを利かせようとせず、リリース・ポイントをやや捕手よりにするイメージで投球することによって、球威やボールの伸びを得ることができる。

(7)フォロー・スルー

リリースした右腕は、ステップした左足の外側の位置までしっかりと振り切る。このことによって体重をステップした足にしっかり乗せることができると同時に、肩や肘への負担を軽減させる。また、すぐに守備体制に入ることもできる。

②**セット・ポジションからの投球**

塁上に走者を出した場合や、走者がいなくてもバランスを重視するためにセット・ポジションから投球するすることがある。軸足をピッチャーズ・プレートに置き、捕手からのサインを受ける。このとき、走者がいるときには、必ずボールを投げる方の手は走者から見えるように、体側に置かなければならない。このとき、グローブにボールを入れてサインを見る場合（**右図**）と、投げる方の手にボールを持っている場合（**左図**）がある。

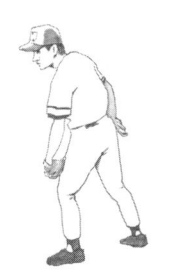

走者側から見るとグローブにボールを持っている投手は奇襲の牽制球がないので、セット・ポジションに入るとき比較的余裕を持ってリードがとれる。走者に自由にリードをとらせないためにも、投げる方の手にボールを持っている方が有利である。

捕手とのサインが決まりセット・ポジションをとるときは、中断することなく一連の動作で行い、ボールを両手でからだの前方に保持し、完全に静止しなければならない。このとき、ベルト付近、胸、顔の前などでグローブを静止させるが、自分にとって最も投げやすく、隙のないポジションを選ぶべきである。

　セット・ポジションからの投球は、素早いモーションで行わなければならない。ワインド・アップ・ポジションに比べ、ステップする足（フリー・フット）を高く上げることができない。もし膝を高く上げて投球すれば、いとも簡単に盗塁されてしまう。フリー・フットを素早く低く上げると同時にヒップをコックし、軸足でしっかりとピッチャーズ・プレートを後ろに押すことによって、力強い投球が可能になる。

4）牽制

　牽制の主な目的は、走者をアウトにすることと走者の動きを止めること。さらに、相手の出方を見たり、打者の打ち気を逸らすためである。無意味な牽制球は試合を長引かせ、自分のピッチングのリズムを崩し、守りの集中力を欠くことにもなりかねないので注意したい。走者を塁に釘付けにできるかどうかは勝敗にも大きく影響するので、充分な練習を積む必要がある。

①一塁への牽制球

軸足をプレートから外す方法と、外さずにフリー・フットを送球する塁の方向に踏み出す方法とがあるが、ここでは、外さずに牽制する場合について説明する。

(1) 右投手の場合

セット・ポジションに入り、左肩越しから走者を見る。このとき、走者がどの程度のリードを取っているか正確に見抜くことができなければならない。

次に、牽制のための素早い動作に移る。フリー・フットを一塁方向に素早く踏み出すために、両足の指の付け根で地面を押すようにすると投げやすい。左肩が開き、左足をステップすると同時にボールを持った手がトップの位置にくるようにし、スナップ・スローでベースの左角、一塁手の膝の高さに送球する。

(2) 左投手の場合

左投手の牽制球は、顔の向きがポイントである。牽制球を投げる直前まで打者から目を離さないようにし、一塁に踏み出す瞬間に顔を向けて素早く送球する。できるだけ、走者と目を合

わさないようにすることも大切である。右・左のいずれにしても、セット・ポジションに入ってから一定のリズムにならないようにしなければならない。

②二塁への牽制球

二塁上での牽制プレイは、二塁手と遊撃手の絶妙なコンビネーションが必要である。さまざまなタイミングで息の合った牽制球ができるように、練習を積まなければならない。

右投手の反時計回りの牽制球（軸足をプレートからはずさない）は、素早いからだのターンが必要である。体操選手の捻り技やフィギュアスケートの回転ジャンプのように、回転する方

向に素早く顔を向けるとターンしやすい。

　また、打者への投球と見せかけて二塁走者をつり出す時計回りの牽制球も身につけておかなければならない。この牽制はターンの速さで走者を刺すのではなく、いかに打者への投球と思わせるかがポイントになる。

５）投手の守備

　投手は投球した瞬間から内野手となる。油断することなく、すべてのプレイが行える準備ができていなければならない。

①バント処理
　(1)バントされると感じたら、投球した瞬間、思い切り良く飛び出し打球処理に向かう。打球に近づいたらスピードを緩

め、しっかりとボールを見て両手で確実に捕球する。一塁線にバントされ一塁へ送球する場合、まず自分が処理することを声とジェスチャーで周囲に知らせることが大切である。

　送球するのに体勢を立て直す余裕のない時は、姿勢を低く保ったままサイドスローかアンダースローで、一塁手が捕球しやすいようにダイヤモンドの内側に送球する。また、左投手は打球を捕り右へ回転しながら送球する。投手正面にバントされ、それを送球するときは、軽くホップするようにリズムをとってステップをし送球する。

　(2)三塁線にバントされ一塁へ送球するときは、右投手は右足をスライドさせながら捕球し素早く送球する。右半身に体重が残りそっくり返ったような体勢で送球すると悪送球になることが多い。左投手の場合は、まずしっかりと捕球し右回りに小さくジャンプ・ターンしながらリズムよく送球する。

　(3)右投手の左側にバントされ、それを二塁に送球する時は、右足をしっかりと踏ん張って、左に半回転しながら送球する。また、右側にバントされたときには、捕球と同時にすばやく左回転しながら送球する。左投手の場合は、反対の回転になる。

(4)右投手が三塁側にバントされた打球を三塁に送球する時は、右足を軸にして左に回転し、左足を三塁ベース方向に真直ぐ踏み出して送球する。

②一塁ベースカバー

　投手の左側に飛んだ打球に対しては、素早く一塁ベースカバーのためのスタートを切れるようにしておかなければならない。一塁線に沿って走り、ベースの手前1.5～2メートルのところでボールを受けられるようにする。ボールを受けたら、右足でベースの左側を踏むようにして、打者走者との接触を避けるようにする。また、他の塁に走者がいる場合は、ベースを踏んだ後、送球がすぐにできるように素早くターンして、送球に備える。

③ダブルプレイ
　ピッチャーゴロを捕球し、ダブルプレイを狙い二塁へ送球するとき、とくに気を付けなくてはならないのは、セカンドベースカバーに入った二塁手、または遊撃手とのタイミングを計って送球することである。

2．捕　手

　捕手は、守備の要である。投手の良し悪しは直接勝敗に関与し、注目されることが多いが、捕手の力は投手ほど注目されない。しかし、捕手が優秀かそうでないかは、実戦において、投手以上に重要な問題である。
　まず捕手は、その日の投手の調子を素早く把握し、しっかりとしたリードをしなければならない。そして、投手の投げやすいように構え、投球を正確に捕球し、ファウルフライを確保することも必要となる。さらに、頭脳鋭敏で、勇気と闘志がなくてはならない。ざっと数えても重要なことがいくつも出てくる、全守備陣の中心となるポジションである。

①サインの出し方
　捕手はサインを出すときに、両コーチャーやネクストバッターに見られないように注意しなければならない。右膝をピッチ

ャーの方向に少し入れ、右手首を太ももの付け根に置く。ミットを左膝の横に置きホームプレートと平行にして、三塁コーチャーからサインを隠す。

②構え
　走者が塁にいない時は、両足を開き低く構える。尻がグラウンドにつくほど低くしてはならない。リラックスした状態で両腕を曲げ、投手によい的を与えるようにする。左足を少し前に置き、両足のつま先をやや開くようにする。両腕が自由に動くように両膝の外側に両肘があるようにする。
　手の構え方には二通りあるが、自分にとって捕球しやすい方法を選択すれば良い。一つはワンハンド・キャッチによる捕球方法である。ミットを前に構え、右手はファウルチップが当たらないようにからだの後ろに隠す構えである。

　もう一つはツーハンド・キャッチによる捕球方法である。構えたミットの横に右手を添える。このとき、親指を手の平に包み込むように軽く握り、指を投手の方に向けず巻き込むように

し、捕球する瞬間に両手で捕球する。

③捕球
　投球をストライクゾーンに運ぶように、無理なく自然に受ける。腕を突き出したり、手首をこねたりせず、吸い取るような気持ちで捕球することが大切である。また、からだを起こしてアンパイヤーの視界を妨げたりしないよう注意する。

④走者が塁上にいる時の構え方
　尻から太ももがグラウンドとほぼ平行になるように構え、すぐに送球ができるように準備を整えておく。どんな走者の場合でも盗塁があることを念頭に入れ、決して油断してはならない。走者が盗塁

するようなケースを予測し、ピッチド・アウトすることを恐れてはならない。

⑤ショートバウンドの処理

　ショートバウンドになる投球の処理は、捕手にとって難しいプレイの一つである。ローボールに対して、何なく処理できる捕手は、投手に自信と安心感を与えることができる。走者が三塁にいても、外野への犠牲フライを打たれないように思いきって低目を責めることができるからだ。 
　捕手はショートバウンドに対し、両膝をグラウンドに落とし、ボールを後方にやらないようにからだの柔らかい部分で止めるようにする。上体はボールのくる方向に正対させ、からだに当たったボールがホームプレート方向に転がるようにする。顎をひき、ボールから目を離してはならない。

⑥捕球から送球

　正確で力強い送球をするためには、鋭い腕の振りとフットワークが要求される。投球を受けるときにリズムをつくり、ミットと手をいっしょに持ってくるように両肩をスウェーさせながら素早くオーバーハンドで送球する。正確で伸びのある送球をするために、ボールの縫い目を横切るように握らなくてはならない。

右に投げられたら、右足を軸にしてステップし、左に投球がきたら左足にウェイトをかけて捕球し、右足、左足と素早いステップでバランス良く送球する。正確な送球をするために大切なのは、送球する塁に向かって左足を真直ぐに踏み出すことである。

⑦バント処理

　バント処理で難しいのは、三塁線へのバントである。三塁線にバントされたら、捕手はボールの右側を走り、からだを左に回転させながら送球する。その際、素手でボールを掴むのではなく、必ずミットを添えて処理する。

また、一塁線近くのバントに対しては、捕球後１～２歩ラインの内側に入って打者走者を避けながら送球しなくてはならない。
　どの方向のバントにしても、一歩でも速く打球の処理ができるようにする。内野手と違って、捕手はボールを追いかけながら処理することになるので、ボールの前面にミットを差し込みながら両手で確実に捕球し、上体を起こさず低い姿勢のまま素早く送球することが大切である。

⑧ ポップ・フライ処理
　捕手の上にあがったフライは、他の野手へのフライと異なりボールの回転に癖がある。バットの上部に当たって打ち上げられた打球は回転が多く（ℓ字）を描いて落ちてくる。捕手はこのフライの特徴をしっかりと頭に入れて、落下地点へ素早く入らなければならない。
　後方に上がったフライは、背を内野に向けて構え捕球する。捕球する位置は、内外野手と同じように目の高さでミットを上

向きにして両手で捕球する。前方に上がったフライに対しても同じように、背を内野に向け捕球する。また、フライを追う際に、自分が投げ捨てたマスクにつまずかないように、捕球地点までの走路とは反対側に余裕をもって放り投げるようにする。

⑨タッグ・プレイ

　捕手はホームプレート上でのタッグ・プレイに対し勇敢に立ち向かわなければならない。左足をホーム・プレートの前のふちである三塁側に置き、右足を動かし、送球のコースに合わせる。送球は前に出て捕りに行くのではなく、ボールがくるのを待たなくてはならない。

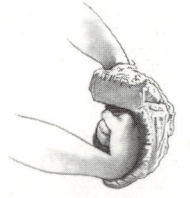

　送球を受けたら、からだを左に回し、左膝を地面に付ける。基本的には右手でボールを握り、ミットの背でタッグする。ミットにボールを入れたまま片手でタッグすると、落球の恐れがあるだけでなく、他の走者への送球も遅れてしまう。

⑩ **フォース・プレイ**

　走者満塁で、本塁での封殺、あるいはダブル・プレイを狙う時に大切なのは、確実に本塁でのフォース・アウトをとることだ。通常は右足をホーム・プレートにつけて捕球し、素早く一塁方向にステップして送球する。この時、本塁でのプレイがクロスプレイになりそうな場合には、一塁手と同じようにしっかりとからだを伸ばして捕球する。また、一塁へ転送してもダブルプレイができないときは、二塁走者の三塁オーバーラン直後を狙った送球も考えておく。

3．一塁手

　一塁手は、野手からの送球を受ける機会が多く、優れた捕球技術が要求される。また、バントに対する守備や、カット・オフプレイ、他の塁へのベースカバーなど、的確な判断と素早い動きが必要である。守備位置の特性から考えると、長身で左利きの方が有利ではあるが絶対的な条件ではない。

① **守備位置**

　一塁手は、イニング、得点差、アウトカウント、打者のタイプなどの状況に応じて守備位置を決定する。

走者がいないときには定位置、一塁ベースの後方でファウルラインから３～４メートル、一、二塁間を結んだ線から２～３メートル離れた位置で構える。また、左の強打者や、同点もしくは１点リードで終盤にさしかかりスコアリングポジションに打者走者をやってはならないような場合は、それよりも深く守り、そしてライン際を抜かれないようにする。

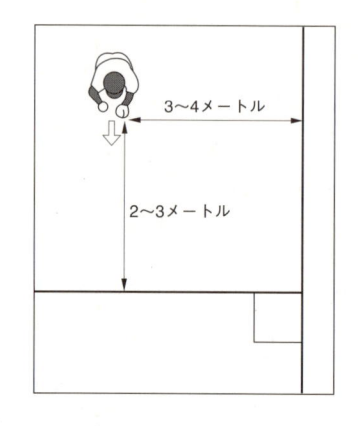

　走者が一塁のとき、得点差がひらいていればベースから離れ、走者の後方で構える。盗塁をさせたくない時は、一塁ベースにつき投手の牽制球を受ける構えをして、投球と同時にベースから離れ守備に備える。

　走者が一二塁の時は、ベースに付いて構えることはない。無死、または一死でダブルプレイを狙う時には中間守備で構える。（**左図**）間違いなくバント策をとってくると思われる時は前進守備をする（**右図**）。

②送球に対するフットワークと捕球技術

　内野ゴロの場合は、素早く一塁ベースについて送球を待つ。この時、両膝を軽く曲げ、両足の踵をベースにつけて置くと、

どの方向に送球がそれても捕球しやすい。送球のコースによって足を切り替えることが望ましい。たとえば、左利きの場合、右への送球は左足をベースに、左への送球は右足をベースにつけて捕球する。また、右利きの一塁手の場合は、左にきたら右足をベースに、右にきたら左足をベースにつけて捕球する。

しかし、無理に足を切り替える必要はない。送球がきている方向のベースのコーナーに行き、ベースタッチの方の足を押し伸ばすようにする。また、送球されたボールを捕球するときには、できるだけ前で捕球するようにする。とくにクロスプレイのときには最大限に足を押し伸ばし、前で捕球することが大切である。

悪送球に対しては、ベースにこだわって後方にボールを逸らさないように、しっかりとからだで止めることを考えなくてはならない。また、送球が横に逸れ、打者走者にタッグしなければならないときには、ミットを突き出すようにせず、はらうようにする。

③ゴロの処理

一塁手はアウトにするのに一番近い距離にある。すべてのゴロに対して、低い体勢でしっかり捕球する。また、ベースを離

れてプレイすることを恐れてはならない。投手と一塁手との間に転がったゆるい打球に対して自分が処理すべき打球か、投手の守備範囲なのか、素早く判断しなければならない。自分のボールと判断したならば、大きな声で投手に知らせ捕球し、アンダーハンドでしっかりとベースカバーに入る投手の胸にトスする。この時、できるだけ速く投手にトスするこが大切である。

二塁手との連携も大切である。二塁手の守備範囲をよく知っていれば、自分の守備すべき打球かどうか判断しやすい。もしも二塁手の方が楽にプレイできる時には二塁手にまかせるべきである。打者のタイプや、球種など一球ごとに二塁手との距離を確認しておくことが大切である。

④バント処理

走者一塁でバントが予想される場合、まず、第一に考えなくてはならないことは、二塁でアウトにするつもりでプレイすることである。そのためには、いかに一塁走者を釘付けにしておけるかがポイントになる。あまり早くから塁を離れてしまうと走者の離塁を容易にし、二塁での封殺が難しくなる。投手とのタイミングを計り素早くダッシュする。

この時、一塁線にそって走りスピードを少し緩めながら内側に弧を描くように動きバント処理を行う。この動きによって二

塁への送球がスムーズになる。二塁への送球はできるだけオーバーハンドで行うようにする。
　走者二塁、または一・二塁でバントが予想される場合、普通の守備隊形では投手が三塁側の打球を処理し、一塁手が一塁側とマウンド付近の打球を処理しなければならない。ただ、一塁の走者を釘付けにする必要がないので、比較的浅い位置でバントに備えることができる。バスターやプッシュバントに気を付けながら素早い動きでバント処理を行う。

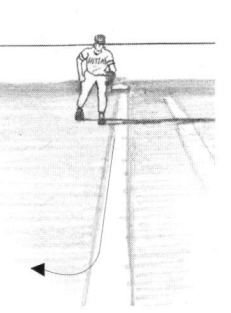

⑤二塁への送球
　一塁手が二塁に送球する時には、素早い動きで正確に送球することが大切である。できるだけオーバーハンドで、二塁ベース上か、やや三塁寄りを目標にしベースに入る遊撃手の顔の高さに送球する。状況により、送球し終わった一塁手がベースに戻り転送されてくる送球を受けるか、投手が一塁ベースカバーをするか異なるが、いずれにしてもどちらがベースに入るか、しっかりとした声の連携をすることが大切である。
　また、打球の速さにもよるが、二塁に送球する際、走者に送球が当たらないように前にステップするか、ステップバックして送球しなければならない。

⑥カットオフとリレー
　カットオフマンとしてプレイする時には、素早くその位置に入り、捕手からの指示を聞く。両手を高く上げ、しっかりと的を与える。センターから送球される場合は、送球がマウンドに当たらないようにマウンドの前に立つようにする。

⑦その他の守備

走者が一塁でベースについている時、投手の投球と同時に自分の守るべき位置に素早く動くことが大切である。また、走者が盗塁のスタートを起こした時には、大きな声で捕手に教えなければならない。

完全な二塁打や三塁打になりそうな打球の場合は、打者走者の後を追うようにして、セカンドベースカバーに走る。この時、打者走者の一塁での触塁を確認することを忘れてはならない。

4．二塁手

二塁手は俊敏で、左右に動けるフットワークと素早い送球が要求される。いかなる状況でも、冷静で的確な判断ができる能力が必要である。

①守備位置

走者が塁にいない場合は、できるだけ深めに守り、打者のタイプや投球のコース、球種によって守備位置を決める。ただし、あまり早くから動くと相手の打者に悟られるので、気を付けなければならない。また、足の速い打者やプッシュバント、ドラッグバントをしそうな時は、やや浅めに位置するべきである。常に遊撃手、一塁手、投手に声をかけ、お互いの守備位置を確認しながら準備することが大切である。

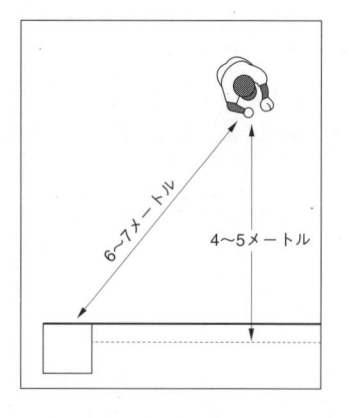

6〜7メートル
4〜5メートル

普通は、二塁ベースから6～7メートル、一塁と二塁を結ぶラインの後方4～5メートルぐらい離れたところに位置する。

無死、または一死で走者一塁の時には、ダブルプレイや盗塁に備えて、二塁ベースから5～6メートル、一塁と二塁を結ぶラインから3～4メートルのところに位置する。

②ゴロの処理

正面の強い打球に対しては、低い姿勢で確実に捕球する。二塁手は短い送球ですむポジションなので、しっかり止めさえすれば、慌てる必要はない。二塁ベース寄りの打球は、二塁手にとって難しいプレイの一つである。右足を軸にしてクロスオーバーステップで左足を踏み出し、素早いダッシュで打球の正面に入るようにする。捕球と同時に、右足をしっかり踏ん張って送球する。

正面に入るのが間に合わない時にはバックハンドで捕球し、送球に移る。体勢が悪い時には、遊撃手にトスしてダブルプレイの時のように転送してもらう方法もある。

一、二塁間の打球に対しては、自分の処理できる打球と判断したら、一塁手に素早く声をかけ、捕球し送球する。当たり損ないのゆるい打球処理は、二塁手にとって最も難しい。できるだけ速くボールに近づき両手で捕球する。捕球した位置からからだを起こさずに、からだをひねってサイドアームで送球する。

③ダブルプレイ

　まず、素早くベースの手前に行き、どの方向に送球がくるのか余裕をもって見られるようにする。ベースの踏み方は状況によって変化する。二塁手のピボットの方法は、送球の方向や走者の位置、また時間的な問題によって使い分けなければならない。二塁ベースをまたいで待つ方法は、最も確実でやさしいプレイである。時間的に余裕があり、正確な送球であればそのまま捕球し、右足を引きずるようにしてベースに触れ一塁へ転送する。

　走者が近づいてきて、しかもラインの内側にスライディングをしてきた場合は、左足でベースタッチをし、その後、右翼方向にステップバックして転送すると送球しやすい。

第2章　野球の技術

　それとは反対に、一塁と二塁を結ぶラインの右側にスライディングしてきた場合は左足でベースタッチをし、右足を内野側に踏み出して送球する方法がある。

　もしも送球が左にそれたら、左足をその方向に踏み出し、右足でベースタッチして送球し、右にそれた場合は、右足をその方向に踏み出し左足でベースを踏んで送球する。

　二塁手が二塁に送球する方法は、打球のコースや強さによって異なる。二塁ベースの近くで捕球したときは、素早くボールを持ち替え、しっかりとボールを遊撃手に見せながらトスをする。トスは遊撃手がバランスを崩さないように、グローブの中に入れてあげるような気持ちで行うことが大切である。また、打球が二塁ベースの近くにきて、自分でベースに入れるような時は、遊撃手に大きな声で知らせることが必要である。

　二塁ベース寄りのゴロや正面のゴロで、トスをするには遠すぎる時、左足をやや前にし

て捕球し、上半身を捻るようにしてサイドアームから送球する。
　また、捕球と同時に、右回りに小さくジャンプして送球する方法もある。

④その他の守備
　二塁手の送球は一塁までの距離が最も近いこともあって、サイドアームやスリークォーターからの送球が多い。そのためにオーバーハンドからの送球ができないプレイヤーをしばしば見かける。リレーマンとして、より正確で、強い送球ができるように普段のキャッチボールから意識して練習しなければならない。

　盗塁が予想されるケースでは、どちらがベースカバーに入るか、遊撃手とサインで打合せをしておく必要がある。また、バントされた時、一塁ベースカバーを忘れてはならない。

5．遊撃手

　遊撃手は、二塁手と同様に俊敏な動きとフットワークが要求される。その守備範囲は広く、俊敏で強肩の持ち主でなければならない。一塁までの距離がもっも遠い位置に守る遊撃手にファンブルは許されない。正確でスムーズな捕球技術と、強い送球が求められる。

①守備位置

　通常は、二塁ベースから左翼よりに6～7メートル、二塁と三塁を結ぶライン4～5メートルの位置に守るが、打者の足の速さや、タイプによってその位置は変わってくる。
　俊足の打者の時にはやや浅めに、遅い打者に対してはやや深めに変える。また、引っ張りの打者に対しては、三塁寄りに位置する。走者がいる時には、中間守備を守り二塁へのベースカバーが遅れないように気を付ける。

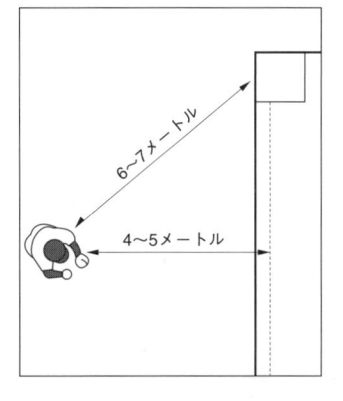

②ゴロの処理

　三遊間に飛んだ打球の処理は、遊撃手にとって最も難しいプレイである。右足のつま先を打球処理する方向に向け、左足をクロスオーバーステップさせてスタートする。
　捕球する時、右足を滑らせながら捕球し、しっかりと滑らせた右足で踏ん張ってからオーバーハンドで送球する。正面で捕球できないときには、バックハンドで捕球し、素早く送球する。無理にダイレクトで送球せず、ワンバウンドで送球することも大切である。
　正面で捕球できない、二塁よりのゴロに対しては左足を前にしたまま捕球する。そして、からだを右に捻りながら素早いステップで送球する。

③ダブルプレイ

　遊撃手の二塁ベース上のピボットは、二塁手のプレイに比べると送球しやすい。常に一塁の方向に勢いをつけながら送球できるからである。二塁手同様に素早くベースに入る。この時ベース上ではなく、ベースの手前で余裕を持って送球を待ち、送球がどこへきても反応できるようにする。

　もしも、送球が左側にきたら右足でベースに触れ、左足を送球方向にステップして送球する。

　また、右側にきた場合は左足でベースに触れ、その足でベースを押すようにして右足をステップさせ、左足を送球方向にステップして送球する。

二塁への送球は正確に投げなくてはならない。通常は、オーバーハンドかサイドアームから、二塁手の胸に送球する（**左図**）。二塁ベースよりで捕球した場合は、アンダーハンドでトスする（**右図**）。

　また、自分でベースを踏んだほうが速い時には、大きな声で二塁手に声を掛け、ベース上で野手同士が交錯しないように気を付ける。

④カットオフとリレー

　遊撃手は、打球がレフト、またはレフト・センター間に飛んだ場合はリレーマンとして、ライトまたはライト・センター間に飛んだ場合はバックアップマン(トレーラー)として動かなくてはならない。できるだけ素早く適切な位置に走り、両手を高く上げ大きな声とジェスチャーで、ボールを処理している外野手が投げやすいように知らせる。

外野手からの送球は半身で捕球し、軸足をしっかり踏ん張って、力強く正確に送球する。また、バックアップマンとして動く時には、リレーに入った野手がどこへ送球するべきか大きな声で指示し、悪送球の時にはすぐにそのボールを処理し送球する。

　外野からの送球位置と、返球すべき地点を結ぶライン(最短距離)に入っているか、自分の目で確めながら動く。どれぐらいの距離に入るかは、外野手の捕球体勢や肩の強さ、そして送球を受ける本人の肩の強さで決まる。三塁手がカットオフマンとして動いている時は、遊撃手は三塁のベースカバーをしなければならない。

6．三塁手

　三塁手は、痛烈な打球が飛んでくることが多く、反射神経の鋭いファイト溢れるような選手が望ましい。また、三塁前のゆるいゴロに対する素早い動きや、バント処理など機敏な動きも要求される。遊撃手と同様に一塁までの送球距離が長いので、強い肩を必要とする。

①守備位置

三塁手は、その打者のタイプ、得点差、アウトカウント、イニング、走者の有無によって守備位置を決めなくてはならない。深い守りは右の強打者にとられる（**図左**）。また、イニングの後半で1点を争うような試合展開では、ライン際を抜かれないようにすることが大切である（**図中**）。

流し打ちの得意な左打者には、やや三遊間寄りに、セフティーバントが得意な打者であれば浅めに守る（**図右**）など、打者の特徴によって守備位置を変える。

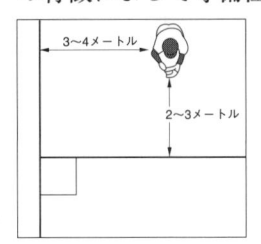

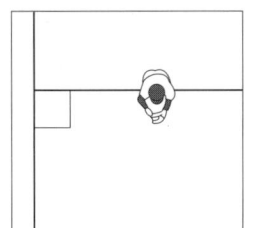

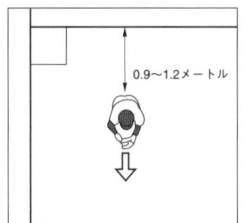

②ゴロの処理

正面への強いゴロに対しては、まず止めるようにする。たとえ捕球できなくても、前に落としさえすればアウトにすることができる。三遊間のゴロに対しては、遊撃手に任せるのではなく、いつでも自分が捕るつもりで積極的にダッシュする。ただし、遊撃手の方が処理しやすい場合は、邪魔をしないようにしなければならない（声の連携）。

ライン際の打球に対しては、クロスオーバーステップで打球を追い、できる限り正面に入って捕球し、しっかりと右足を踏ん張ってオーバーハンドで送球する。間に合わない時にはバックハンドで捕球し、右足に体重をしっかりのせて送球する。

　三塁線のゆるいゴロは、三塁手にとって難しいプレイのひとつである。やや弧を描くようにして打球にむかい、ランニングスローを行う。両手で捕球することが望ましいが、時間的に余裕がないときには、素手で捕球しなくてはならないこともある。

③ダブルプレイ
　三塁手は、さまざまな状況でダブルプレイに加わることがある。まず、走者一、二塁で自分の左側に打球が転がってきたときには、二塁へ送球する。また、同じケースで自分の右側に打球がきたときには、捕球後、三塁ベースを踏んで一塁へ送球す

る。一死満塁では、自分が一番やりやすい方法で送球すればよい。同じ満塁のケースでも無死で相手に１点も与えられない状況では、素早く本塁へ送球し、確実にフォースアウトをとらなければならならない。

④バント処理
　走者二塁、または一・二塁でのバント処理が三塁手にとって判断が難しい。チームによってバントに対するフォーメーションが変わってくるが、通常、一塁側のバントは一塁手が処理し、三塁側のバントは投手が処理する。三塁手にとって、その投手がどの範囲までバント処理ができるのか知っておくことが大切である。
　三塁ベースの斜め前方で少し開き気味に、二塁走者を視界に入れて構える。投球動作に合わせて２〜３歩前進し、投手が捕球できると判断したら素早くベースに入り、投手が捕球できないと判断したら、自分が処理することを大きな声で伝え、一塁へ送球する。

⑤カットオフ、リレー、ベースカバー
　走者が二塁でレフトに安打された時、三塁手はレフトの捕球地点と本塁を結ぶライン上に入り、リレーマンになる。リレーするか、直接、捕手に捕球させるか、あるいはカットオフして打者走者の進塁を阻止するかは、捕手の指示に従う。
　また、走者なしで、三遊間の深い位置で遊撃手が打球を処理した時には、悪送球後の進塁を防ぐために二塁ベースカバーに走る。また、センター前の小飛球を二塁手と遊撃手の二人が追いかけた時も二塁のベースカバーに走る。

7．外野手

　外野手は守りにおける最後の砦である。広い外野をたった三人で守らなくてはならないので、どのポジションも足が速くなくてはならない。ただ単に足が速いというだけでなく、打球に対する素早い判断や、強肩であることも外野手としての条件である。
　左翼手は、レフト線の切れていく打球の処理や、二塁への送球があるので、右投の方が有利である。また、右翼手は三塁への返球が多いので、外野手の中でもとくに強肩の選手を起用することが一般的である。

①外野手の守備位置
　投手のタイプ、球種と投球のコース、打者のタイプ、アウトカウント、得点差などさまざまな状況に応じて守備位置を変えなくてはならない。また、風向きや強さも考慮して守らなくてはならない。常に隣の外野手と声を掛け合って、距離を確認することも大切である。
　すべての球場の広さや、フェンスの構造が違うので頭に入れておかなければならない。自分が守っている位置から、どの位の距離にフェンスがあるのか、どのようにボールが跳ね返るのか、また、両翼の外野手はどのようにコーナーでクッションするのか、守備練習の時にチェックしておく必要がある。

②フライの捕球
　打球が右側に飛んできた場合は、外野手は右足を小さく打球

方向に踏み出し、左足をクロスオーバーステップし**(右図)**、左側に飛んだ場合は、左足を小さく打球方向に踏み出し、右足をクロスオーバーステップし**(左図)**、スタートを切る。

　ボールに合わせて走るのではなく、落下地点に素早く移動する。ゆとりがあるときは、できる限り両手で捕球し、しっかりとオーバーハンドで送球する。

　頭上を超えるような正面の打球に対しては、片方の足を小さく引きからだの向きを落下地点に素早く向け、クロスオーバーステップでスタートを切る。フライを追う時には、上下動が少なく目線が動かないような走り方をしなくてはならない。捕球する時は、からだや腕をリラックスさせ、素早く送球動作に移れるようにスローイング側で捕球する。

外野フェンス付近に飛んだ打球に対しては、まずフェンスまで行ってからボールに対して動くことが大切である。

内野手との間に上がったポップフライに対しては、全力でボールを追いどちらでも捕れるようなときには、声をかけて捕るようにする。下がりながら捕る内野手よりも、前にきて捕る外野手のほうが捕球しやすい。右打者のライト線、左打者のレフト線へのフライやライナーはスライスし、より切れていくことが多いので注意して守らなくてはならない。

③ゴロの捕球

とくに返球を急ぐ必要のない時には、片膝を付けた状態か(**左図**)、両方の踵を付け、しゃがみ込んだ状態で確実にゴロを捕球する(**右図**)。

また、走者をアウトにしなくてはならないような場合は、ゴロが転がってくる方向にからだの正面が向かうようにし、素早く送球する。

④バックアップ

　確実にアウトになるような内野手の正面のゴロに対しても、その後ろに位置する外野手はバックアップしなくてはならない。また、その後、送球されるベースの後方にもバックアップのために動かなくてはならない。牽制球や盗塁、外野手からの返球の際も同様である。

　打球を処理する外野手の後ろに回り込んでバックアップし、送球する場所を指示することもある。内野でランダウンプレイが始まれば、その塁へのバックアップに走り、時にはベースカバーに入ることもある。常に状況に応じたプレイができるように、準備しておかなくてはならない。

⑤送球

　外野手は、素早く正確な送球をしなければならない。ゴロ、またはフライを処理した後、ワンステップで送球する。右投の外野手であれば、左足を前にして捕球し、捕球と同時に右足に体重を移し、左足に体重を移す反動を利用して送球する。

　フライを捕球し、素早く送球するには、ボールの真下に入るのではなく、落下地点の2～3メートル後方で待ち、タイミング良く前進し勢いをつけて捕球から送球に移る。送球は、低く早いボールでリレーマンの胸に投げるようにする。

参考文献一覧（第2章〜第4章）
『SPORTS ILLUSTRATED PITCHING : THE KEYS TO EXCELLENCE』 Jordan, Pat. Time Inc.
『The Sclence of Hitting』 Ted Williams and John Underwood. Simon & Schuster, Inc.
『THE ART OF HITTING . 300』 Tony LaRussa. the Penquin Group.

第3章　攻撃の技術

大西　昌美

1．バットの選び方

　個々の選手によって身体的な条件がまちまちなので、自分の身長や筋力に合ったものを選ぶ。自分の力でしっかりと振りきれる、やや軽めのバットが良い。木製のバットの場合、充分乾燥しているかどうか確める。乾燥していないバットはボールの弾きが悪く、しかも折れやすい。耳の近くで、軽くバットの芯を叩いてみて、澄んだ金属音がすれば、良く乾燥している。乾きの悪いバットは濁ったような低い音がする。

　また、バットの先端からグリップエンドまで、木目が真直ぐに通り、細くなった手もとの部分にフシのないものが折れにくい。長さや、太さは自分の好みに合ったものを選べば良いが、普通、バットを長く持って、強く振る長距離打者は細長いバットを、ミート中心の短距離打者は、太目のバットを選ぶ。重さは、重過ぎても軽すぎてもよくない。

　金属バットの場合は重心の位置、芯の広さなど若干の違いがあるにせよ、選び方については木製バットと同じ考え方で選ぶ。如何のバットも自分の体力に適した、最も振りやすいバットを選ぶことが大切である。

2．バットの握り方

　バットを握る時は、指の付け根の部分に置くようにして、軽く握る。ただ、構えたとき下になる方の手の小指、薬指、中指だけはしっかりと握る。手の平で握ろうとすると、手首の動きが悪くなり、バットをコントロールしづらくなる。また、強く握りすぎて、肩や腕に力が入り過ぎないように気を付けなけれ

ばならない。

　木製バットには、柾目と板目とがある。バットに付いているマークが自分の正面を向くようにし、インパクトの時、ちょうど柾目の部分でボールを捕らえるようにする。柾目の部分で打つと、反発力が強く折れにくいが、板目で打つと折れやすい。

3．打ち方

①スタンスと立つ位置

　構えたときの両足の間隔は、肩幅か、それよりもやや広めにとると安定しやすい。スタンスが広すぎると、腰の捻りがスムーズに行えず、体重の移動もしづらくなり、スイングに力が入らない。また、狭すぎるとバランスが悪くなり、安定したスイングができなくなる。立つ位置は、相手投手のタイプによって変えることもあるが、構えた時にストライクゾーンをすべてカバーできる場所に位置しなければならない。

　外角へのスライダーが武器の投手に対してはベース寄りに、内角のシュートが武器の投手に対しては、少しベースから離れて構える。また、速球が武器の投手に対しては、捕手よりに立ってボールを少しでも長く見られるようにする。

　スタンスには、スクエアスタンス、クローズドスタンス、オープンスタンスの三種類がある。

(1)スクエアスタンス
　両足のつま先を結ぶ線がバッターボックスのラインに対し、平行になるように立つ。このスタンスは特に不利な点もなく、理想的な立ち方である。

(2) クローズドスタンス
　投手側の足が少しホームベース寄りに出た立ち方で、とくにアウトコースへのボールが見やすい**(上図)**。
(3) オープンスタンス
　投手側の足を少し後ろに引き、開いたような形で立つ。顔を正面に向けやすいので、とくに他のスタンスと比べると、インコースのボールが見やすい**(中図)**。

②**構え**
　両足の親指の付け根あたりに均等に体重をかけ、膝を軽く曲げる。腰と肩は地面に対して水平になるようにする。バットを握った手は、傘をさすように楽に構え、顔を投手の方に向けて、両目でしっかりと見るようにする**(下図)**。

③**バックスイング**
　投手の投球動作に合わせて、バックスイングをはじめる。腰を捻りながら体重を後ろ足に移すと同時に、前足を後方に引く。

この時、後ろ足の膝は軽く曲げ、頭を動かさないようにする。投手がボールをリリースする瞬間には、トップポジション(スターティングポジション)の構えができていなければならない。

　構え方は、それぞれの個性があっても、スイングそのものにあまり影響はないが、このスターティングポジションについては、それが直接バッティングの欠点となって表われる。

　たとえば、腰の捻りが大きすぎると、両目で投手を見ることが困難になり、それによってインサイドのボールが打ちにくくなる。

　グリップの位置が投手よりにあると、スイングのスピードが遅くなり、ボールとの距離もとれず、弱いスイングになってしまう。

　ホームプレート上にグリップが出ていると、スイングの軌道がアウトサイドインになり、インサイドのボールが打ちづらく、またレフト線への打球がファウルになりやすい（**中図**）。

　また、グリップの位置が高すぎると低めのボールが、低すぎると高めのボールが打ちにくくなってしまう（**下図**）。

グリップの位置は肩の高さか、それよりもやや高いぐらいで、軸足の真上か、やや外よりが理想である（**右図**）。

　バットの先端が投手方向に入り過ぎたり（**下図左**）、立て過ぎる（**下図右**）とスイングの遅れにつながりやすい。

　バットの角度は４５度ぐらいが振り出しやすい。

④ステップ

　ステップした足のつま先は、ホームベースに対して直角に踏み出し、その幅はスタンスをとった位置より15センチ程度が理想的である。あまり大きくステップすると、眼の位置が動き正確にボールをとらえられず、腰の捻りもしづらくなる。

　ステップするときは、バックスイング時に捻りを与えた形を崩さず、投手側の腰をボールにぶつけるような気持ちで踏み込む。

　また、ステップすると同時に前足にすべて体重移動してしまうと、球速の変化に対応できず、手だけでしかバットを振るこ

とができなくなってしまう。ステップしても、体重を後ろ足に残しておかなければならない。

⑤スイング

　ステップした後、ボールをしっかり見極めスイングに移る。スイングは腰の捻りから始まり、この動きが上半身に伝わり、肩の捻りが始まってグリップエンドが前に出てきてから腕を振る。

　構えた位置からミートポイントまで、最短距離でバットを出すように言われ、バットの先端を最短距離で出そうとする選手を見かけるが、実際には不可能である。

　グリップエンドがミートポイントまで最短距離を通るようにするべきである。このとき、バットのヘッドは当然、右打者の場合、右肩より下がって出てくることになる。

　両脇を締め、インパクト時にトップスピードになるように両腕を伸ばし、リストターンをする。

⑥フォロースルー

　鋭い腰の捻りと腕の力でインパクトした後は、両腕をしっかりと伸ばし、からだのバランスを保ちながら最後まで振り切る。この時、無理に大きなフォロースルーをせず、自然な動きで両腕をたたむことが大切である。

4．好打者になるための心構え

　さまざまなスポーツの中でも、バッティング技術ほど難しいものはない。多彩な変化球や140キロを超えるような速球を打つにはかなりの技術と勇気が必要である。好打者になるためにしなければならない、いくつかの条件を上げる。

①打席に入る時に足場をならし、自分のプランを復習する。決して他の打者の足型に立たない。
②いったん構えに入ったら、色々と考えずに打つことだけに集中する。
③早くから構えず、投手の動きに合わせリズムをとり、リラックスして投球を待つ。
④自分のストライクゾーンを知り、ストライクだけを打つようにする。
⑤自分の得意なコースを知り、そのボールがきたら逃さない。
⑥待てのサインが出たとしても、しっかりと打つタイミングで見逃す。
⑦常に強いスイングを心がけ、三振を恐れて当てるだけのバッティングをしない。
⑧力まかせにバットを振って、オーバースイングにならないようにする。
⑨相手投手の球速が速いと感じたとき、バットを短めに持つことができるようにする。
⑩追い込まれたら、速球に合わせて待つ。

5．送りバント

　送りバントは、得点の確率を高くするために重要で、攻撃には不可欠な戦法である。この作戦が成功するかどうかでゲームの勝敗を左右することもしばしばある。

①**スタンス**
　送りバントの構えには、二種類ある。一つは、投球動作に合わせて投手に対して足を平行にし、正対する形で構える方法（**左図**）と、ややオープンスタンスの構えから投球動作に合わせて軸足を回し、上半身だけを正対させる方法（**右図**）がある。

　どちらの構えでも、自分がバントしやすい方で良いが、後者の方が相手の出方によってはバスターに切り替えることができるので、有利である。

②**バットの持ち方**
　打球の勢いを殺したバントをするときは、構えと同時に右手（左打者は左手）をマークのやや上にずらし、親指、人差し指、中指の三本で支えるようにする。左手は軽く握るようにする。

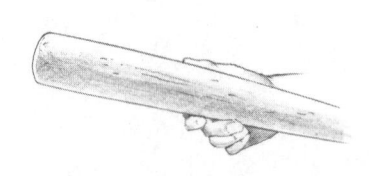

走者二塁で、三塁手に捕らせるような強めのバントをしたい時には、右手（左打者は左手）はマークか、それよりやや下のあたりを握り、左手もしっかりと握るようにする。

③バットを構える位置
　送りバントの場合は、ストライクゾーンの上限にバットを水平に構え、アウトコースいっぱいの所にバットの先端を合わせるようにする。 
　その位置より高ければボールであるし、また外であっても同じようにボール球である。低めのボールに対しては、膝の屈伸を使い対応する。

④投球をとらえる位置
　バットの持ち方のところで説明したが、打球の勢いを殺すバントの時には、バットの先端の部分で、また、強めのバントの時には芯の部分でボールを捕らえるようにする。

⑤バットの角度
　打球のコースは右打者の場合は左手、左打者の場合は右手で操作する。

このとき、両腕はリラックスさせておくことが大切である。

⑥スクイズバント

　スクイズバントで気を付けなければならないのは、構えに入るタイミングである。投手が投球動作を始め、ステップ足が着地し、腕がボールをリリースする直前に構えに入る。あまり早く構えすぎると相手側に見破られてしまう。
　バントは投手の正面でなく、一塁側または三塁側に転がすようにする。ストライクはもちろん、ピッチドアウトされた時でも、簡単に諦めずに最悪でもファウルにする努力をしなければならない。

⑦バントヒット

　三塁前にバントヒットを狙う時は、ラインぎりぎりを狙うべきである。一塁に走ることを急ぎ過ぎて、投手への平凡なゴロに終わるより、ファウルになった方がもう一度打つチャンスが残される。
　また、相手が二塁での併殺を狙って、二塁手がベースよりに位置している時には、投手の右側約3メートルあたりを狙った、右打者のプッシュバント(左打者はドラックバント)をすると成

功率が高い。打者は投手を三塁側にスタートさせるために、バットの角度を三塁側に向け、早めに構える。

⑧バスター

　相手のバントシフトの裏をかいて、バントの構えから強打に切り替えるこの戦法のポイントは、いかにバントと思わせるかが大切である。極端なバントシフトを敷くときはストレートを投げることが多い。打者は構え遅れないようにバットを引き、ボールの上半分をたたく気持ちで強くコンパクトに振る。この時、できるだけ投手へのゴロは避けるようにする。

第4章　走塁の技術

大西　昌美

1．打者、走者の走塁

①一塁への駆け抜け
　一塁へは打球を見ながら走るのでなく、一塁ベースを見て走り抜ける。それが平凡なピッチャーゴロでも、アウトになるまでは、全力で走り抜けることが大切である。
　打球を処理しようとする野手を避ける以外は、スリーフィートライン内を走らなくてはならない。相手の送球を妨げようとして、故意にラインの内側を走るプレイヤーをしばしば見かけるが、守備妨害としてルール上禁止されている。
　ベースを踏む時は、自分のストライドより大きくして、跳ぶような踏み方をしないようにする。踏む位置はベースの手前、ホームベースよりを踏むようにする。
　ベースを踏むと同時に、ファウルエリアに顔を向け、悪送球がすぐに視界に入るようにする。踏んだ後、無駄なオーバーランはせず、ファウルラインに沿ってできるだけ早く止まるようにする。ラインから離れれば離れるほど、二塁までの距離が遠くなってしまう。また、送球がそれ、タッチを避けるためにスライディングすることもあるが、それ以外は駆け抜けるほうが有利である。

②一塁でのオーバーラン
　外野にヒットを打ったら、一塁コーチャーズボックスの左隅

の方向にふくらみをとりながら、一塁ベースを踏む。一塁ベースでのターンは、スピードを落とさずできるだけ小さくし、ベースの内側の角を踏むようにする。この時、右足よりも左足で踏んだほうがからだを傾けやすく、腰も鋭く切れるが、無理に右足で踏む必要はない。外野のちょっとしたファンブルや緩慢な送球があれば、次の塁を狙う。

　また、長打を放った時には、できるだけ自分の目で見て判断し、ライト線や右中間に打球が飛んで、自分では判断ができないときには、三塁コーチャーの指示を仰ぐようにする。

2．一塁走者の技術

1) 一塁走者としてベースに立った時にしなくてはならないこと

① グラウンドの状態を頭に入れておく
　　（風、太陽の位置、土、フェンスなど）
②相手投手の癖、捕手の送球能力を見抜く
③外野手の守備位置を確認する
　　（打球に対する早い判断ができる）
④スコアーボードを見ること
　　（試合の状況をいつも頭に入れておく）
⑤ベンチからのサインを見る
　　（必ずベースについて見ること）

⑥投手がボールを持っていることを確認する
　（隠し球でアウトにならない）

2）一塁でのリード・オフ

　リード・オフは、一塁と二塁を結ぶ直線上に構えるべきである。この場所に立てば二塁まで最短距離で走れ、また牽制球を投げられても一塁手が塁の前で構えているためにタッグを避けることができる。自分がアウトにならない最大限のリードを常にとる。リードをとる際、脚の幅が大きかったり、跳び上がったりせず、どのタイミングで牽制球を投げられても戻ることができるように、良いバランスを保ちながら注意深く離塁すること。

①一塁から単打で三塁へ

　どれだけリード・オフができるか、そして、いかに判断良くスタートが切れるかが好走塁のポイントになる。投手の投球に合わせてシャッフル（サイド・ステップ）をする。投球がホームベースを通過するタイミングの時、最大限のリード・オフがとれていなくてはならない。この時、進塁・帰塁どちらでも素早くできるような良いバランスとタイミングが大切である。
　自分が無理なく見える打球（レフト前・センター前など）は、自分の判断で走る。自分では見にくいライト方向への打球は、

ランナーズ・コーチを二塁手前7～8メートル付近で見る。早く見過ぎると、外野手が打球を処理する前になってしまいランナーズ・コーチが指示できない。二塁を回ったら、すぐに二度目の指示を受ける。

3．二塁走者の技術

ノーアウトの場合は、二塁と三塁を結ぶライン上に1アウトまたは2アウトの場合は2～3歩後方でリードをとるべきである。前者の場合、走者として第一に考えるべきことは三塁に進むことであり、後者は、ワンヒットで本塁に帰ることである。リード・オフの方法は一塁走者の場合と変わらないが、捕手から二塁までの距離が離れているので、一塁走者の時より大きく出られる。

① 投・捕・二・遊間の動きがどれだけできるか、あらかじめ頭に入れておく。
② 点差の接近している時は、とくにピックオフプレイに気を付ける。バントのサインにより、三塁に生きようとする意識が強すぎ、飛び出すケースが多い。
③ 左投手の場合の牽制は、二塁手にポイントがあることを頭に入れておく。

4．三塁走者の技術

三塁ではファール地域でリード・オフをする。これは三塁手が塁の前方に構えているため、牽制時タッグを避けることができるし、痛烈な打球が飛んできて避け切れずからだに触れたと

しても、アウトにはならない。
　また、帰塁の際はライン上に出て捕手を見ながら帰塁する。これは、捕手が三塁へ送球してきた場合に重なりミスを誘うことができるからである。

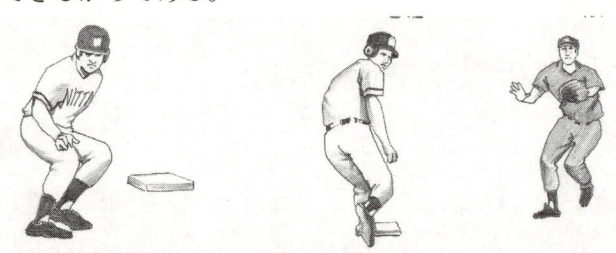

　パスボールやワイルドピッチのミスを狙って最大限のリード・オフをとることは大切であるが、ノーアウトの場合は安全な走塁を心掛けるべきである。痛烈な三塁ゴロやライナーを三塁手が捕球し、走者が戻れずにアウトになるケースをよく目にする。

①パスボール時の走者の判断材料
　一塁走者の時…三塁側へのパスボールは成功率が高い
　二塁走者の時…一塁側へのパスボールは成功率が高い
　いずれの場合も捕手にとって苦しい態勢からの送球になるからである。また、どの塁にいてもパスボールを想定することが大切である。

5．スクイズ・プレイの走塁

　スクイズのサインを受けても、いつもと同じリードをとらなくてはならない。スタートは早すぎるよりも、遅い方が良いことを頭に入れておく。走者は、投手の投球動作が始まったら、

ウォーキング・リードかサイド・ステップでリード・オフし、投手の右腕（右投手）が肩の上にきた時、スタートする。

6．一・二塁での一塁走者の走塁（単打）

　一塁走者は、二塁ベースの手前7～8mでランナーズ・コーチを見る。そして、前走者の動きも見る。二塁ベースを回って2～3歩進んだ後、スピード・ダウンし、シャッフルでバランスを保ち、前走者の動きと、送球の角度を見た上で進塁するか止まるかの判断をする。
　スピード・ダウンからシャッフルへの動きは、いろいろな場面で応用できる。たとえば、スコアリング・ポジションに走者を置いて単打を放った時の打者走者の走塁に役立つ。好走者になるために不可欠なテクニックである。

7．盗　塁

　盗塁を成功するには、3S（スタート・スピード・スライディング）が重要だと言われている。とくにポイントとなるのは、いかに良いスタートが切れるかである。

1）二塁への盗塁

　一塁牽制でアウトになるのも、二塁の3m手前でアウトにな

るのもアウトに変わりはない。牽制球でアウトになることを恐れずに、スタートを切ることが大切である。良いスタートを切るためには、投手の癖を発見することが重要である。

① 一般的な投手の癖
右投手
(1)開きぎみにセット・ポジションをとる投手に多く見られる。左肩が前に動いたら打者に投げる。
(2)左膝が最初に動く。一塁牽制時は、左膝が伸びたままになっている。

左投手
(1)走者の方に顔を向けたまま投球動作に入れば打者へ、打者の方に向いて投球動作に入れば牽制。
(2)上体を反らすように投球動作に入れば牽制、前かがみになれば本塁に投げる。

8．2アウト・一・三塁からのダブルスチール

一塁走者は、とくに三塁への犠投牽制に気を付け、できる限り良いスタートを切る。二塁ベースの6～7メートル手前で止まり、タッチされないようにしてランダウンプレイに持ち込むようにする。

三塁走者は、ダブルスチールのサインを受けた後、ベースライン上をシャッフルしながら、セーフティーリード限界までリードオフする。捕球と同時に三塁走者に顔を向けた捕手の目が二塁方向に向いた瞬間、スタートを切る。

９．二塁へのディレードスチール

投球と同時にシャッフルでリードオフをする。各内野手が投球に神経を集中し、投球を捕手が捕球する寸前にスタートを切る。スタートのタイミングが遅いので、捕手や他の野手が意表をつかれ、送球が遅れてしまう。

１０．スライディング

スライディングは、走塁技術の中でも大切なプレイのひとつである。優れた走者は状況に応じて、さまざまなスライディングを使い分けることができる。

１）スライディングの種類

①フックスライディング

野手のタッチを避けるために使うが、状況に応じて左右使い分ける。からだ全体をベースから離し、片方の足のつま先から甲の部分でベースに触れるようにする。このスライディングは、ベースに確実に止まるのが難しいので練習を重ねる必要がある。

②ベントレッグスライディング

　最も多く使われるスライディングで、スライディング後、素早く立ちあがり、次へのうごきに移りやすい。伸ばした方の足を少し浮かすようにすべることが大切である。

　またスライディングと同時に手を地面について、手首を痛めないようにしなくてはならない。

③ヘッドスライディング

　ヘッドスライディングは、牽制球で帰塁するときや、その他、きわどいプレイに使われる。確実にベースに触れることができる利点がある。スライディングの時に、指を立てるようにすればベースで指を突いたりして、ケガをせずにすむ。

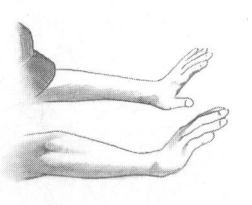

第5章　戦略

宮﨑　光次

1．戦略（Strategy）

　戦略は戦術とは異なる。広辞苑によれば「戦略とは各種の戦闘を統合し、戦争を全面的に運用する方法」とある。つまり、戦術より広範な作戦計画であり、戦術は戦略に従属するものと言える。野球に置き換えると、戦略とは試合をどのように勝利に導くかという全体のプランニングのことであり、その試合の一部である、1イニングごとの攻防、1打席1打席、1球1球の攻防について、どのように対応していくかを戦術と理解することができる。
　孫子の兵法には「そもそも戦いの勝ち負けは、戦う前からわかっているものである。敵味方の戦力を詳しく分析してみると、結果は自ずと知れてくる」とある。つまり、戦いはお互いの戦力を分析し、相手と対等以上に戦える戦力を集め、育て、適材適所に配置すれば勝利は見えてくるのである。そういった意味では、選手のスカウティング、育成方法の吟味、ポジションのコンバートなども広い意味での戦略と言える。
　また、孫子は「戦場となる地域の地形・気象、戦闘員の戦闘能力・戦闘意欲、指導者の指導力・統率力、得意とする戦略・戦術について情報収集することは極めて重要だ」とも言っている。すなわち、あらゆるデータを事前に知っていることは勝利を目指す上で必要不可欠である。そして、このデータを基に自チームの戦略を立てていくのである。
　それでは、スポーツ、とくに野球において勝利を得るためには、どのような観点で戦略を立てれば良いのであろうか。これが絶対というものはなく、各チームそれぞれ千差万別であるが、

主要なものとして、次のようなことを考慮しなければならない。

①球場について
(1)グラウンドの形
　ファールラインからフェンスまでの距離、フェンスの質と角度、ダイヤモンドの方向、スタンドの高さなど。
(2)グラウンドの状態
　硬さ、芝生の質（人工芝、自然芝、長さ）、風向き、風速、太陽光線とグラウンドへの日照時間・角度、気圧など。

②審判について
(1)ストライクゾーンについての癖
　低めが辛い、内角が甘い、アピールに対しての反応など。

③相手チームと自チームについて
(1)投手力
　左右どちら投げか、オーバーハンド、スリークウォーター、サイドハンド、アンダーハンドか、球速、変化球の種類、スタミナはどうか、セットポジションからの投球、牽制はどうか、どういうタイプの投手が何人いるかなど。
(2)守備力
　確実性、捕手の肩、内・外野手の肩、守備範囲、バントディフェンスの方法、ダブルプレイ体制での守備体型、弱点はどこかなど。
(3)攻撃力
　長打力、機動力、バント、ヒットエンドラン、バスター、トリックプレイなどの細かい戦術ができるかなど。

④その他
　試合の開始時間、気象状況、選手の精神的・身体的状態など。

　以上のような事柄を考慮して、さまざまな場面を想定した練習や対応、当日の先発メンバーや交換要員の使い方、打順などの総合的な戦略を組み立てる。この中でもとくに重要なのは、相手チームおよび自チームのチーム分析である。
　孫子は「敵を知り、己を知らなくては勝つことはできない」と言っている。指導者が戦略を立てるには、まず、自分のチームの競技力を正確に知る必要がある。そして、その特徴を生かし、より良い戦略を立てることが重要となる。次に相手の情報を可能な限り多く入手し、相手の競技力に関して徹底的に分析する。そして、対等以上に戦うためには、どのように試合を進めていけば良いのかという戦略を立てるわけである。
　孫子は「兵の形は水に象る。水の行くは、高きを避けて下きにおもむく。兵の形は、実を避けて、虚を撃つ」とも言っている。水は高い山などには行く手を遮られてしまうが、低いところには一気になだれ込み辺りを飲み込んでしまう。
　つまり、相手チームの得意な分野を避け、弱点を突いて行くことが得策であり、また、自チームの得意な方向に流れを呼び込み試合を進めることが勝利を納めるために重要だと言っているのである。もう一つ、戦略を立てるにあたって考えておかなければならないことがある。西武ライオンズの元監督・森祇晶氏は「リーダーは建設的であるより反省的であれ」と言っている。今までに行われた試合を分析し、どう今後に生かしていくかが重要なのである。つまり、フィードバックこそが戦略を立てるために最重要となるのだ。

終った試合の勝敗に一喜一憂するだけではなく、なぜ勝ったのか、なぜ負けたのかを分析し、次の試合の戦略に役立てるのである。とかく、トーナメントの大会では今戦った相手チームとは当分の間試合をしないので、そのゲームの分析をしないことが多い。しかし、そこには、たとえ相手は違っても、次の試合の戦略を立てるうえで欠くことのできない反省材料がたくさん詰まっている。たとえば投手の起用法はどうか、打順の組み合わせは最良かなど自チームに関することだけでも非常に参考になる。

　試合になると、これから起こりうる結果を予測して、事前に戦略を修正することがある。これは、勝利するためには非常に重要な能力である。この結果を予測して、事前に修正することをフィードフォワードという。このフィードフォワードは数多くの状況を経験し、成功や失敗を通して修得していくものである。いわゆる「読み」や「勘」と呼ばれるものと同質のものであり、修得過程では結果の判断、すなわちフィードバックに頼るところが大きい。

　こういった意味からもフィードバックがいかに戦略を立てるにあたり重要であるかを伺うことができる。つまり、反省が必要なのである。

2．チーム分析法

　それでは戦略を立てるにあたって、最も大切なチーム分析法を具体的に示していくことにする。この分析は、自チームおよび相手チームに対して行う必要がある。ここに示すものは、絶対的なものではなく、チームにより、項目数を増やすなどの工夫が必要と思われる。

1）分析要素

　チーム分析に当たっては、主要なものとして、以下のような項目が上げられる。

①攻撃面での分析要素
(1)打撃
　右バッターか左バッターかスイッチヒッターか／打率／長打力／打点（勝負強さ）／打球方向（プルヒッターかスプレイヒッターか）／ヒットエンドランが上手いかどうか／犠牲バントが上手いかどうか／セーフティーバントが上手いかどうか
(2)走塁
　足の速さ／走塁技術／積極性／盗塁を行うか／リードの幅／リードの仕方／スライディング技術

②守備面での分析要素
(1)投手
　右投げ・左投げ／オーバーハンド、スリークォーター、サイドハンド、アンダーハンド／球種／コントロール／スピード／クイックモーションがあるか。上手いか／牽制の上手さ／配球
(2)捕手
　肩の強さ／スローイングの正確さ／スローイングの素早さ／キャッチングの正確さ／捕球の姿勢／配球
(3)野手
　肩の強さ／スローイングの正確さ／スローイングの素早さ／足の速さ／守備範囲／バント処理の上手さ／バント処理のシフト／カバーリングの正確さ／カバーリングの速さ

2）分析用資料シート

　各々の分析要素を明らかにするための資料作成には、主要なものとして以下のようなものが必要と考えられる。

①スコアブック（次頁図A）
　スコアブックは、単に試合記録として残しておくものではなく、相手チーム、自チームに関してさまざまなデータを探ることができる貴重な存在である。
　主な分析要素として以下の事柄が上げられる。
○打ち方：左右どちら打ちのバッターが何人いるか。
○打　率：打率の良いバッターはいるか。
○長打力：ホームランバッターはいるか。
○盗　塁：盗塁する選手はいるか。
○犠　打：犠牲バントをするバッターは誰か。犠牲フライを打てるバッターは誰か。
○四死球：選球眼の良い選手はいるか。
○三　振：三振の多いバッターはいるか。
○被安打：投手は何回頃から崩れるか。
○与四死球：コントロールの良い投手か。
○失　策：守備は良いか。
○失　点：投手は何回頃から崩れるか。
○投球数：コントロールの良い投手か。スタミナはあるか。
○パスボール・打撃妨害：捕手のキャッチング、フットワークはどうか。
○許盗塁・盗塁刺：捕手のスローイングはどうか。
○盗塁のタイミング：何球目に盗塁を企ててくるか。

図A

⑮ 盗塁のタイミング
⑯ スクイズのタイミング
① 打ち方　　　　　　　　　　⑰ ヒットエンドランのタイミ

刺殺	捕殺	失策	併殺	打順	シート先発	打ち方	○○大	背番号		1	2	3	4	5	6
				1 11 21	5	L	A	26		(4) S ℓ /8	III S.K			II 3A	
				2 12 13	9	L	B	1		I S.K	✕	I S.K		III 3A	✕
				3 13 23	4	R	C	4		5C F0 (4) II H		II K		✕	(5) ℓ
				4 14 24	2	R	D	33		ℓ /7		III 4-3			I ℓ
				5 15 25	8:7	L	E	27		II 7		✕	(7) (6) ℓ H		I ℓ
				6 16 26	6	R	F	5		ℓ /5			I 1-4		II
				7 17 27	PH PH	L R	G N	9		✕	I K		II 4-3		III
				8 18 28 3(7)	3 PH	R R R	H J L	10 24 23			1-3E ℓ H		III S.K		PH ✕
				9 19 29 8(7) 39 49 59	7 PH PH	R R R R	I K M O	31 2 25 35		II 7		✕	I 5-3		PH K

⑧ 被安打
⑨ 与四死球
⑩ 失策
⑪ 失点
⑫ 投球数

		合計	安打	四死球	失策	安打	四	失	安1	四	失1	安	四	失	安1	四	失	安	四	失	安1	四1	失
				得点		2	1	·	·	·	1	·	·	·	·	·	·	·	·	·	·	·	·
				投球数		24			20/44			15/59			15/74			7/81			23/1		

	氏名	勝負	セーブ	投球回数	打者	打数	投球数	安打	本塁打	犠打	犠飛	四球	
投手	先発 P	RH		6 2/3	30	23	122	4	·	1	·	6	
	2 Q	LH		2 1/3	14	14	43	7	·	·	·	·	
	3			/3									
	4			/3									
	5			/3									
	6			/3									

第 5 章　戦略

⑱ ウエストのタイミング
⑲ 配球

② 打率　　④ 盗塁　　⑥ 四死球
③ 長打力　⑤ 犠打　　⑦ 三振

⑬ パスボール・打撃妨害　　⑭ 許盗塁・盗塁刺

○スクイズのタイミング：スクイズは何球目に行うか。
○ヒットエンドランのタイミング：どういうカウントで行ってくるか。
○ウエストのタイミング：盗塁、ヒットエンドラン、スクイズなどの場面で捕手はウエストするか。
○配球：ファーストボールと変化球の2種類に分け、球種を付けると配球がわかりランプレイを仕掛けるタイミングが読める（一般的にカーブ・フォークボールなどの変化球の時の方が盗塁の成功率が高い）。

②配球表（次頁図B）
　配球表からは、投手、打者両面の分析ができる。投手を分析してみると、投球のパターンを知ることができ、狙い球を絞りやすくなる。また、ランプレイを仕掛けるタイミングを知る上でも非常に参考となる。打者を分析すると、ファーストストライクを必ず打つ、追い込まれるまではファーストボールしか振らないなどの特徴が明確になる。

(1)投手の分析
○初球はファーストボールか変化球か。その確率はどうか。
○コントロールは良いか悪いか。ストライク、ボールの比率はどうか。
○どんな変化球があるか。
○ファーストボールはどのコースに多いか。
○変化球はどのコースに多いか。
○決め球はファーストボールか変化球か。
○盗塁は何球目にしたらよいか（変化球を投げるタイミングに特徴があるか）。
○イニングによる特徴はないか。

○後半になると配球に変化は起こるか（一般的に後半になるとファーストボールのスピードが落ちるため、変化球の割合が多くなる傾向にある）。
(2)打者の分析
○ファーストストライクから打ちにくるか（早打ちの打者か）。
○どこのコースが得意か。
○どこのコースが苦手か。
○ファーストボール狙いか、変化球狙いか。
○落ちるボールについていけるか。

③打撃方向チャート（次頁図B）

　打撃方向チャートから打者の特徴を見つけだす。これを利用し打者に対応した守備隊形を自在に取ることができる。いわゆる○○シフトと呼ばれるものは打撃方向チャートの分析から生まれたものである。
○どの方向に打球が飛ぶか
○犠牲バントの方向は
○セーフティーバントをするか、その方向は一塁側か三塁側か
○内野安打は多いか、その方向は三遊間か、センターライン寄りか

④スピードガン（次々ページ図C）

　スピードガンを利用して球速を測る。とくにイニングごとの変化を理解し、相手投手の疲れ具合などを参考に戦略・戦術を立てることができる。また、自チームの投手について分析し、投手交代の時期の参考にしたり、練習での投球数決定の根拠とすることができる。
○ファーストボールの初速と終速

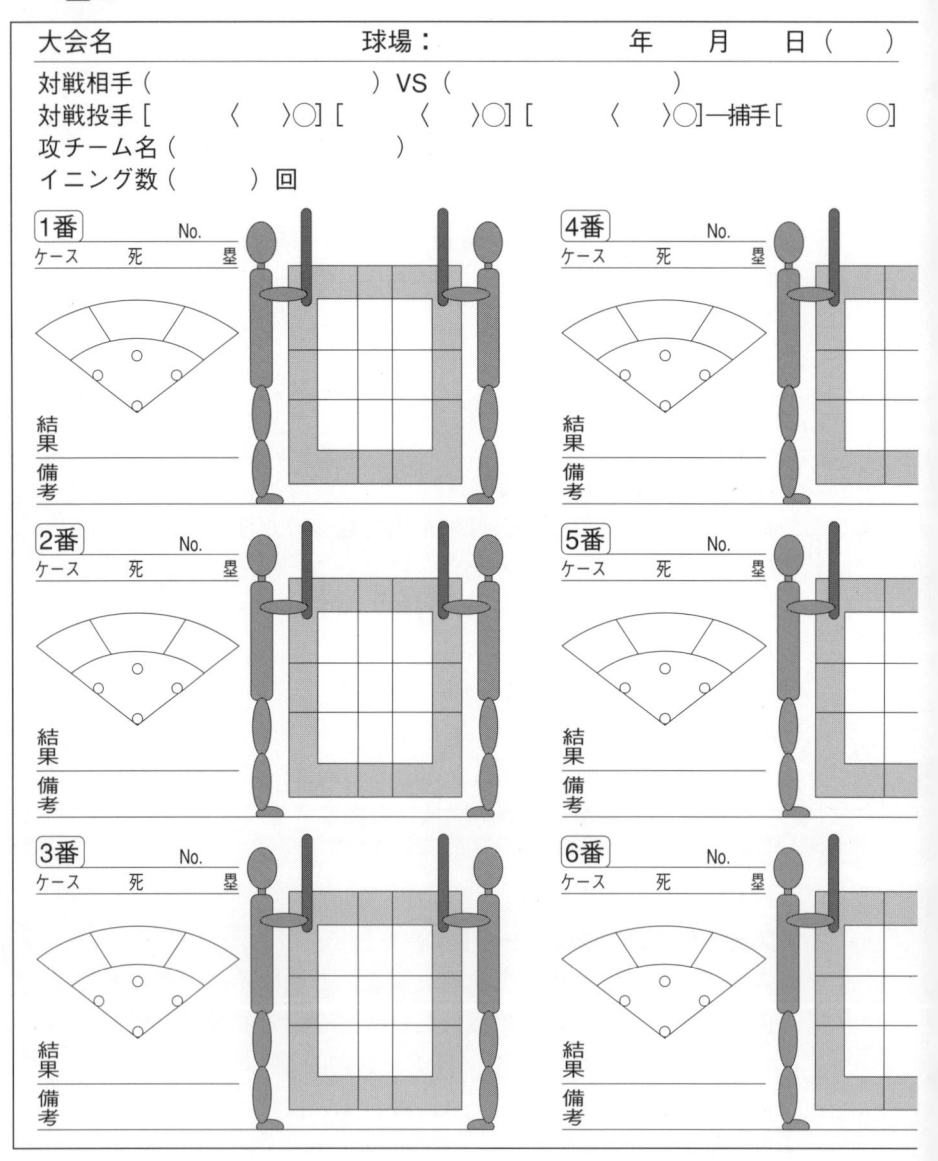

図B

| 大会名　　　　　　　　球場：　　　　　　　　　年　　月　　日（　　）
| 対戦相手（　　　　　　　　）VS（　　　　　　　）
| 対戦投手［　　〈　　〉○］［　　〈　　〉○］［　　〈　　〉○］―捕手［　　　○］
| 攻チーム名（　　　　　　　　）
| イニング数（　　　）回

1番　　No.
ケース　　死　　塁

結果
備考

2番　　No.
ケース　　死　　塁

結果
備考

3番　　No.
ケース　　死　　塁

結果
備考

4番　　No.
ケース　　死　　塁

結果
備考

5番　　No.
ケース　　死　　塁

結果
備考

6番　　No.
ケース　　死　　塁

結果
備考

第5章　戦略

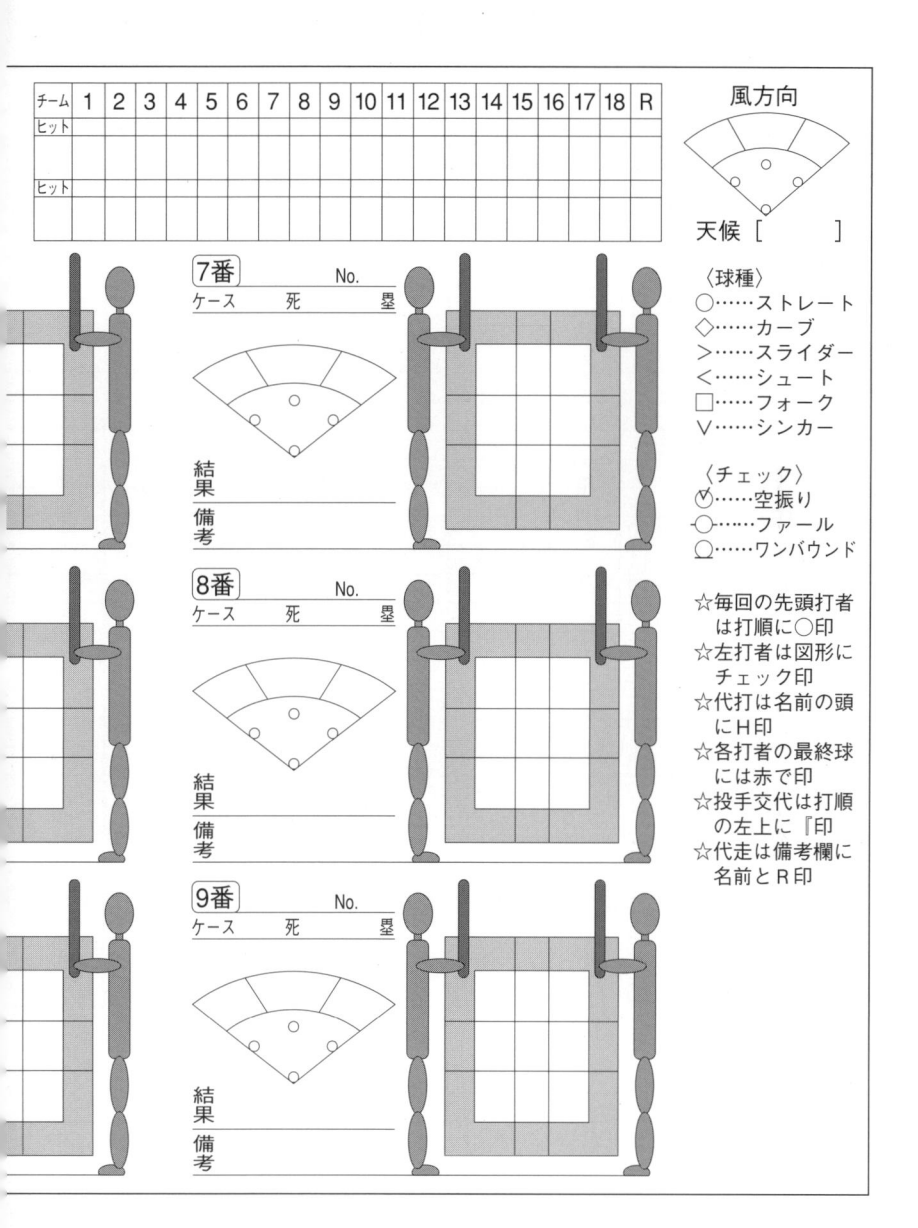

チーム	1	2	3	4	5	6	7	8	9	10	11	12	13	14	15	16	17	18	R
ヒット																			
ヒット																			

風方向

天候 [　　　]

7番　　No.
ケース　死　塁
結果
備考

8番　　No.
ケース　死　塁
結果
備考

9番　　No.
ケース　死　塁
結果
備考

〈球種〉
○……ストレート
◇……カーブ
＞……スライダー
＜……シュート
□……フォーク
∨……シンカー

〈チェック〉
◉……空振り
⊖……ファール
⊙……ワンバウンド

☆毎回の先頭打者は打順に○印
☆左打者は図形にチェック印
☆代打は名前の頭にH印
☆各打者の最終球には赤で印
☆投手交代は打順の左上に『印
☆代走は備考欄に名前とR印

図C

イニング	1回			2回			3回			4回	
球種・初速／終速	球種	初速／終速		球種	初速／終速		球種	初速／終速		球種	初速／終速
投手名											
1											
2											
3											
4											
5											
6											
7											
8											
9											
10											
11											
12											
13											
14											
15											
16											
17											
18											
19											
20											
21											
22											
23											
24											
25											
26											
27											
28											
29											
30											

対戦相手（　　　）VS（　　　）　　守備チーム（　　　）

〈球種〉 ○…ストレート　◇…カーブ　＞…スライダー　＜…シュート
□…フォーク　V…シンカー

第5章　戦略

年　　　月　　　日（　　）

速	5回		6回		7回		8回		9回	
	球種	初速/終速	球種	初速/終速	球種	初速/終速	球種	初速/終速	球種	初速/終速

〈チェック〉　◯̸…空振り　―◯―…ファール　◯　ワンバウンド

○カーブの初速と終速
○スライダーの初速と終速
○シュートの初速と終速
○フォークボールの初速と終速
○その他の変化球の初速と終速
○イニングごとの初速と終速の変化を見て、疲れの具合を予測する（投球数が何球ぐらいになると球速に変化が現れるか）。

⑤ストップウォッチ

　ストップウォッチを利用し、さまざまな時間を測定してみる。以下に主要なものをあげる。ストップウォッチ一つから多くのものが得られるのである。

(1)投手の分析

○セットしてから投球動作を起こすまでの時間を計る〔この時間が一定であると盗塁しやすい〕
○投球動作を起こしてからボールをリリースするまでの時間を計る〔動作時間が長ければ盗塁しやすい〕
○牽制動作の時間を計る〔牽制動作の時間によりリードの幅を増減する〕
○クイックモーションでの投球動作時間を計る〔動作時間が長ければ盗塁しやすい〕

(2)捕手の分析

○捕球から二塁、または三塁にスローイングし、ベースにボールが到達するまでの時間を計る〔この時間が長いと盗塁しやすい〕
○投手が投球動作を起こしてから、捕手が二塁、または三塁にスローイングし、ベースにボールが到達するまでの時間を計る〔この時間が長いと盗塁しやすい〕

(3)外野手の分析

○外野手がフライをとり、一人でスローイングした場合の捕球から二塁、三塁、または、本塁にスローイングし、ベースにボールが到達するまでの時間を計る〔この時間により、次の塁を狙うか、自重するか決める〕

○外野手がゴロをとり、一人でスローイングした場合の捕球から二塁、三塁、または、本塁にスローイングし、ベースにボールが到達するまでの時間を計る〔この時間により、次の塁を狙うか、自重するか決める〕

○外野手がフライをとり、内野手のカットプレイを経てベースまで到達した場合の捕球から二塁、三塁、または、本塁にスローイングし、ベースにボールが到達するまでの時間を計る〔この時間により、次の塁を狙うか、自重するか決める〕

○外野手がゴロをとり、内野手のカットプレイを経てベースまで到達した場合の捕球から二塁、三塁、または本塁にスローイングし、ベースにボールが到達するまでの時間を計る〔この時間により、次の塁を狙うか、自重するか決める〕

(4)走者の分析

○二塁に盗塁する時の時間を計る

投手が投球動作を起こしてから、ランナーが二塁に到達するまでの時間を計る〔この時間が、投手が投球動作を起こしてから、捕手が二塁にスローイングし、ベースにボールが到達するまでの時間よりも短ければ盗塁は成功する〕

○三塁に盗塁する時の時間を計る

投手が投球動作を起こしてから、ランナーが三塁に到達するまでの時間を計る〔この時間が、投手が投球動作を起こしてから、捕手が三塁にスローイングし、ベースにボールが到達するまでの時間よりも短ければ盗塁は成功する〕

○一塁ランナーが三塁に到達するまでの時間を計る〔この時間により、次の塁を狙うか、自重するか決める〕
○一塁ランナーが本塁に到達するまでの時間を計る〔この時間により、次の塁を狙うか、自重するか決める〕
○二塁ランナーが本塁に到達するまでの時間を計る〔この時間により、次の塁を狙うか、自重するか決める〕
○三塁ランナーがタッチアップし、本塁に到達するまでの時間を計る〔この時間により、次の塁を狙うか自重するか決める〕
○バッターがボールをインパクトしてから、一塁に到達するまでの時間を計る〔この時間を選手起用の参考にする〕

⑥ビデオ
ビデオを利用し、投手の投球モーション、捕手の捕球姿勢、内野手のバントシフトなどを撮影し、戦略に生かす。

(1)投手の分析
○投球モーションに癖がないか（ファーストボールと変化球での違い）
○牽制するときに癖はないか（バッターに投げるときと牽制球を投げるときの違い）
○バント守備（サイドスロー、アンダースローで投げていないか。アンダースロー、または　サイドスローの投手は、多くの場合バント処理でもアンダースローやサイドスローで投げる。するとボールがシュート回転し、ランナーとぶつかりやすい。とくに軸足に体重が残ったときはその傾向が強い。こんなところを戦略として突いていくことも可能である）
○捕球姿勢（素早くスローイングに入れる体勢で捕球しているか。球種により捕球姿勢を変えていないか）
○捕球位置の変化（コースによって大きく構える位置を移動し

ていないか)
○尻を落として捕球していないか（ランナーがいるときに尻を落として捕球している場合には盗塁しやすい）
○フットワークはどうか（動きの悪い捕手は、少しでも投球をはじけば進塁できる）
(2)野手の分析
○バントシフトのフォーメーション
　（どんなフォーメーションを持っているか、また、どんな場面で使うかを知ることは戦略面で非常に重要である。たとえば、相手のバントシフトが一塁手プレス型のバントフォーメーションしかない場合、一塁手の飛び出しと同時に、必ず一塁ランナーは盗塁するという戦略を立てておく）
○牽制のフォーメーション
　（どんなフォーメーションを持っているか。また、どんな場面で使うかを知ることは戦略面で非常に重要である）

3）戦略シート（対戦相手に関するもの）

　分析用資料シートを利用し、相手チームの各分析要素に関するデータが集まったならば、実際の試合ですぐに利用できるように戦略シートを作成する。

①攻撃側として使用するもの（次頁図D）
　自チームが攻撃側の場合、以下のような項目を挙げ、戦略シートを作成しておくと戦略は立てやすく、実際の試合で状況に応じて臨機応変に戦術を変更していくことができる。
(1)投手
　右投げ・左投げ／オーバーハンド、スリークォーター、サイ

図D

```
                          ○○大学
A投手   左上手
            ストレート        カーブ         チェンジアップ    ①右投げ・左投げ
MAX    142km/h         116km/h        128km/h       ②投げ方
AVE    138km/h         111km/h        124km/h       ③球種
（初球の入り）                         （ストライク）    ④スピード
ストレート・・・83％（74/89）       66％（49/74）      ⑤配球

カーブ         17％（15/89）       60％（9/15）
（2ストライク後）
ストレート      73％（32／44）
カーブ         16％（ 7/44）
チェンジアップ   11％（5／44）

B投手   右上手
            ストレート      カーブ        スライダー     フォーク
MAX    139km/h       120km/h       126km/h      124km/h
AVE    135km/h       118km/h       122km/h      119km/h
（初球の入り）                       （ストライク）
ストレート       51％（51/101）     66％（31/52）
カーブ          14％（14/101）     50％（ 7/14）
スライダー      34％（34/101）     65％（22/34）
フォーク         1％（ 1/101）    100％（ 1/ 1）
（2ストライク後）
ストレート      38％（21/56）
カーブ          7％（ 4/56）
スライダー     50％（28/56）
フォーク        5％（ 3/56）
```

備考
投手：⑥クイックモーションの上手さ⑦牽制の上手さ⑧バント守備
　　　の上手さ⑨スタミナ
捕手：①盗塁の可能性②盗塁しやすいタイミング③構えの特徴
野手：①バントシフトのフォーメーション②牽制のフォーメーション
　　　③守備隊形の特徴④特に注意する選手

第5章　戦略

ドハンド、アンダーハンド／球種／スピード／配球（初球の球種、コントロール）／クイックモーションの上手さ／牽制の上手さ／バント守備の上手さ／スタミナ（投球数が何球目位からコントロールを乱すか、変化球に頼り出すか）

(2) 捕手

　盗塁は可能か／盗塁しやすいタイミングはいつか／構えに特徴がないか（コースを要求するとき大きく動く、尻を下げて捕球する）

(3) 野手

　バントシフトのフォーメーション／牽制のフォーメーション／守備隊形の特徴／特に注意する選手（肩が強い、守備範囲が広いなどの特徴、守備が下手である、足が遅い、肩を壊しているなどの特徴）

② 守備側として使用するもの（図E、F）

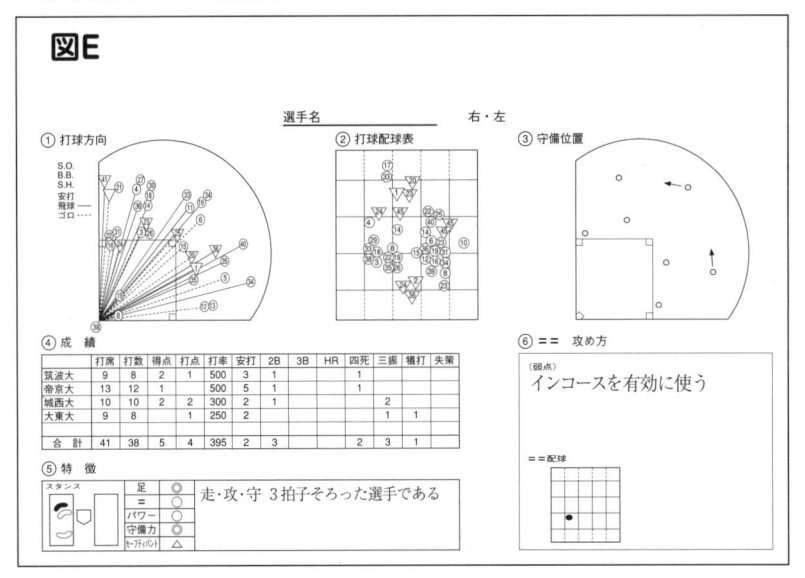

図E

① 打球方向
S.O.
B.B.
S.H.
安打
飛球
ゴロ

② 打球配球表

③ 守備位置

④ 成績

	打席	打数	得点	打点	打率	安打	2B	3B	HR	四死	三振	犠打	失策
筑波大	9	8	2	1	500	3	1				1		
帝京大	13	12	1		500	5	1			1			
城西大	10	10	2	2	300	2	1				2		
大東大	9	8		1	250	2				1	1	1	
合計	41	38	5	4	395	2	3			2	3	1	

⑤ 特徴

スタンス／足＝／パワー／守備力／セーフティバント△

走・攻・守 3拍子そろった選手である

⑥ ==　攻め方

（弱点）
インコースを有効に使う

==配球

図F

○○大学戦

送りバント

イニング	アウト	カウント	打者	走者	球種	点差	
5	0	0-0	A	B	ストレート	1点ビハインド	○
9	0	1-0	C	D	ストレート	0	○
9	0	0-0	E	F	カーブ	0	○
11	0	1-1	G	H	ストレート	0	○

エンドラン

イニング	アウト	カウント	打者	走者	球種	点差	
6	0	0-0	I	J	スライダー	1点リード	×
					（セカンドフライ、ダブルプレー）		
8	1	0-1	K	L	ストレート	0	F

盗塁

イニング	アウト	カウント	打者	走者	球種	点差	
1	1	1-1	M	N	カーブ	1点ビハインド	○
3	2	0-1	O	P	ストレート	2点ビハインド	○

△△大学戦

送りバント

イニング	アウト	カウント	打者	走者	球種	点差	
1	0	0-0	A	B	ストレート	0	○
3	0	0-0	C	DE	ストレート	1点リード	○
7	0	0-0	F	G	ストレート	3点リード	○
					（キャッチャーゴロ、セカンドFO）		
8	0	0-0	H	I	ストレート	3点リード	○

エンドラン

イニング	アウト	カウント	打者	走者	球種	点差	
3	1	0-1	J	K	ストレート	3点リード	×
					（空振り、ランナーセカンドTO）		
6	0	0-1	L	M	ストレート	2点リード	F

自チームが守備側の場合、相手チームの個々の選手について以下に挙げるような項目があると戦略が立てやすい。
○打球方向（シフト、守備隊形を決める根拠となる）
○打球配球表（初球の入り方、決め球の決定などに有効）
○守備位置（打者の足の速さ、打球方向により内外野の守備位置を移動する）
○打撃成績（打率、長打力、四死球など）
○特徴（スタンス、足、パワー、セーフティーバントの有無）
○バッテリーの攻め方
　また、相手チームがどのような戦術をとるかについて以下に挙げるような項目があると戦略が立てやすい。
○犠牲バント
○ヒットエンドラン
○盗塁
　それぞれ、どんな状況（イニング、カウント、点差、打者、走者など）の時にどんな戦術を採用するかデータとしてまとめておく。

4）トレーニング計画（自チームに関するもの）

　分析用資料シートを利用し、自チームの各分析要素に関するデータが集まったならば、自チームの戦略・戦術について自己フィードバックしてみることが重要である。今まで行ってきた試合を反省し、戦略は正しかったのか、そして、各々の場面で取られた戦術が最善のものであったかを常に見つめることが次の試合で生きてくる。反省し、改めるべきところは適応性・融通性を持って改善していかなければならない。
　新たな自チームの戦略を立てるためにはデータを参考とし、

以下のことを考慮しなければならない。
① チームの長所を見極める
② チームの短所を見極める
③ チームのタイプを見極める
④ 個人の長所を見極める
⑤ 個人の短所を見極める

　これらを踏まえて、チームの特徴を生かし、選手の長所を上手く利用し、適材適所に配置し、戦略を立てることが必要となる。さらに強いチームにするためには、戦略に合わせ選手を育成することも考えられる。つまり、立てた戦略・戦術を上手く実行できるようトレーニング計画を立てることである。ここで言うトレーニングは最広義でのトレーニングであり、その中には、技術トレーニング、体力トレーニング、メンタルトレーニング、コンディショニングトレーニングが含まれる。

　これらのトレーニング計画は、チーム、個人の両面から立てる必要がある。

(1) チームとしてのトレーニング計画

　チームとしての戦略に合わせたトレーニング計画を考える。たとえば、素晴らしい投手がいる場合、失点を最小限にとどめ、1点ずつ得点するような戦略をとる場合が多い。このような戦略をとる場合には、技術トレーニングとしては犠牲バント、スクイズおよび守備を中心にトレーニング計画を立てれば良いであろう。

(2) 個人のトレーニング計画

　選手にはそれぞれ特徴がある。長所を最大限伸ばすように、個別性の原則に従い、トレーニング計画を考える。

　チームと個人、この2つの側面からトレーニング計画を立案し、練習に取り入れていくことが重要である。

第6章　戦術

宮﨑　光次

1．戦術（Tactics）

　戦術は戦闘実行上の方策であり、一つの戦闘における戦闘力の使用法である。つまり、戦術は戦略より各々の局面に則した作戦計画であり、戦術は戦略に従属するといえる。

　野球に置き換えると、1回表0アウト一塁の場面で犠牲バントをするか、盗塁を試みるか、ヒットエンドランを仕掛けるか。このような1球1球の攻防においてどのような作戦をとるか、これが戦術である。

　つまり、戦術とは試合の流れやその時々の状況を常に細心の注意を払って観察、分析し、さまざまな場面を予測して戦略面の修正を行いながら、最適の方法を選択をしていくことである。

　各々の局面でとる戦術のパターンはそれほど多くないが、いつ、どのパターンを選択するかは、実に複雑多岐にわたっている。そして、考慮すべきは完璧なプレイは難しく、失敗が多く、成功率が必ずしも高くないということである。しかし、その中から、より確率の高い方法を選択することが勝利の鉄則である。すなわち、"確率的選択"が勝利を呼ぶわけである。これは攻撃面だけではなく、守備面に関しても相通じるものである。

2．攻撃の戦術

1）攻撃の戦術パターン

　主な攻撃面の戦術として、次の14パターンが考えられる。
　①ヒッティング／②犠牲バント／③セーフティーバント／④スチール／⑤ダブルスチール／⑥ディレードスチール／⑦バス

ター／⑧ヒットエンドラン／⑨バントエンドラン／⑩バスターエンドラン／⑪ランエンドヒット／⑫スクイズ／⑬セーフティースクイズ／⑭ウエイティング

　どのパターンを選択するかについては、実に複雑多岐にわたっている。選択する際に考えなければならない事項は、①点差、②イニング、③相手チームの戦力（投手の能力、捕手の能力、バントシフトなど）、④自チームの戦力（打者の能力、走者の能力など）などである。これらを考慮し、確率的選択をするのである。

2）各局面における戦術

　ここでは、アウトカウント、ランナーの位置などさまざまな局面を想定し、用いられる戦術を考えてみる。確率的選択と言う意味で、確率の極めて低い特殊な場合は除いてある。しかし、唯一絶対の戦術というものはなく、自チームの状況を踏まえ、ここに挙げていない戦術をとることも考えられる。

①ランナーなしの場合
(1)ヒッティング
　ランナーなしの場合、最も多くとられる戦術である。
(2)セーフティーバント
　打者走者の足が速い場合、相手守備が無警戒の場合、相手投手に揺さぶりをかけたい場合などに用いる戦術である。
(3)ウエイティング
　相手投手のコントロールが定まらないときに用いる戦術である。また、他の戦術を仕掛けるときに、相手の出方を観察するときにも用いる。

② 0アウト一塁

(1)犠牲バント

最も多く用いられる戦術である。確率的選択という意味ではランナーを二塁に送るためには最も優れている。相手のバントディフェンスに対応し、転がす方向を決定しなければならない。

(2)スチール

一塁ランナーの足が速い場合に用いる戦術である。とくに、一塁手が早く飛び出すバントディフェンスに用いると有効。

ただし、一塁手フェイントから牽制型のフォーメーション、一塁手フェイントから本塁投球型のフォーメーション、捕手から二塁手へのピックオフ型のフォーメーション、投手が投手板を外すピックオフ型のフォーメーションへの注意が必要（**下図**）。

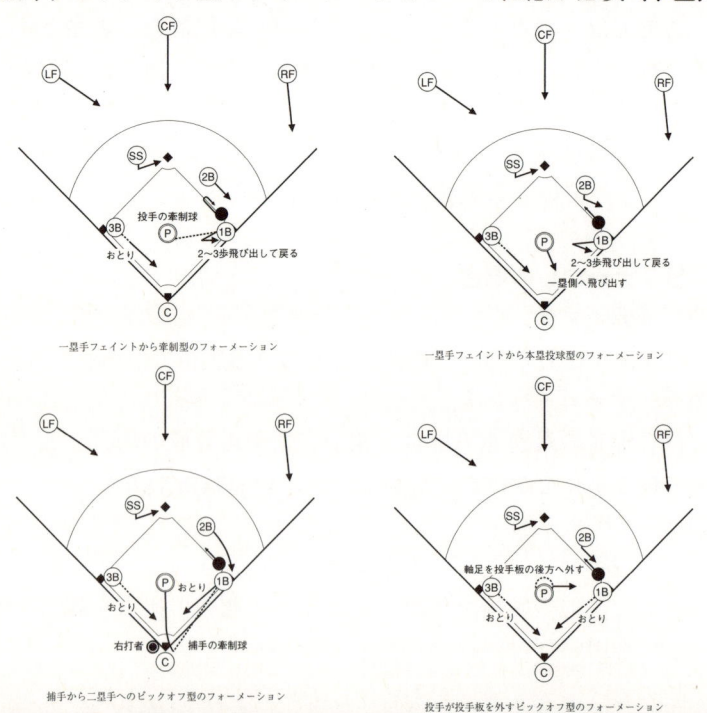

一塁手フェイントから牽制型のフォーメーション

一塁手フェイントから本塁投球型のフォーメーション

捕手から二塁手へのピックオフ型のフォーメーション

投手が投手板を外すピックオフ型のフォーメーション

(3) ヒッティング

　中軸打者に打順が回った場合など、犠牲バントをせずに打たせたい場合に用いる戦術である。この場合は鋭いゴロを打つことが必要であり、ランナーの後ろ、ライト方向を狙うのが有効である。

(4) ヒットエンドラン

　一気に流れを呼び込みたいときに用いる戦術である。ゴロを打つことが鉄則である。

(5) ランエンドヒット

　一気に流れを呼び込みたいとき、しかも一塁ランナーの足が速い時に用いる戦術である。打者は、必ずゴロを打たなくてはならない。

(6) バスター

　一塁手、三塁手が思い切って前進してくるなどの、とくに厳しいバントディフェンスをとられたときに用いる**（下図）**。

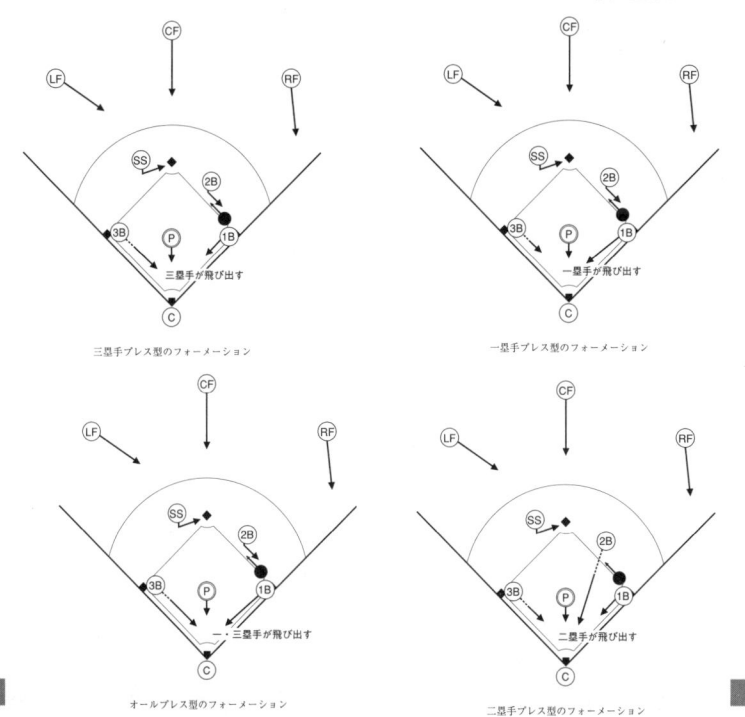

三塁手プレス型のフォーメーション　　　一塁手プレス型のフォーメーション

オールプレス型のフォーメーション　　　二塁手プレス型のフォーメーション

(7)バントエンドラン
　一塁ランナーの足が遅く、しかも打者がバントを成功させる能力が高い場合に用いる戦術である。
(8)バスターエンドラン
　一塁ランナーの足が遅く、しかも一塁手、三塁手が思い切って前進してくるなど、とくに厳しいバントディフェンスの際に用いる。
　打者は必ずバスターができるプレイヤーの場合にかぎり用いる戦術である。
(9)ディレードスチール
　０アウト二塁にするためにスチールをしたい場面で、二塁手、遊撃手のベースカバーが緩慢な場合に用いる戦術である。

③０アウト２塁
(1)犠牲バント
　最も多く用いられる戦術である。確率的選択と言う意味においてランナーを三塁に送るためには最も優れている。
　一般的に三塁手にとらせるようなバントが最も良いとされているが、相手のバントディフェンスに対応し、転がす方向を決定しなければならない。
　また、打者がストライクを見送ったり、空振りをすると、二塁ランナーは球筋が見えるので飛び出してタッチアウトになる確率が高い。打者は十分に注意しなければならない。
　さらに、相手チームはさまざまな牽制により二塁ランナーのリードを小さく、あるいは、刺殺しようとするので注意が必要である（**次頁からの図参照**）。

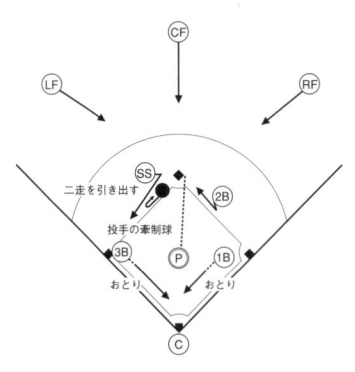

第6章　戦術

オールプレスから二塁手のピックオフ型のフォーメーション

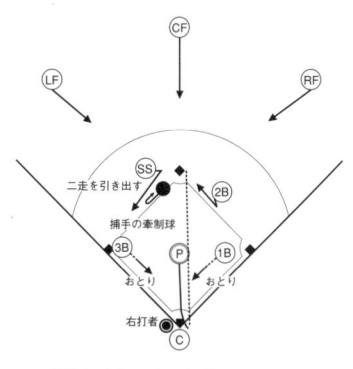

捕手から二塁手へのピックオフ型のフォーメーション

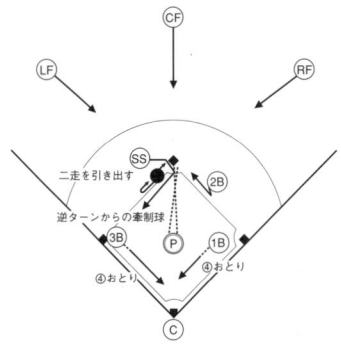

投手の逆ターン牽制型のフォーメーション

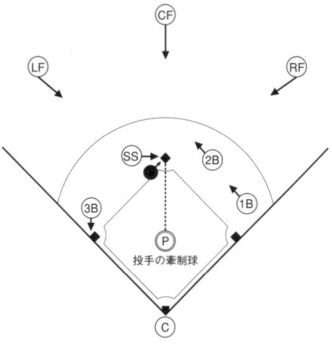

遊撃手直接型牽制のフォーメーション

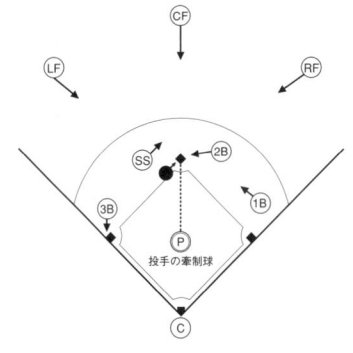

二塁手直接型牽制のフォーメーション

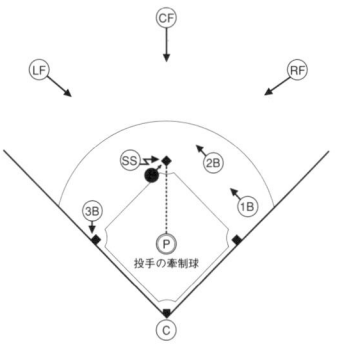

遊撃手1人フェイント型牽制のフォーメーション

二塁手1人フェイント型牽制のフォーメーション

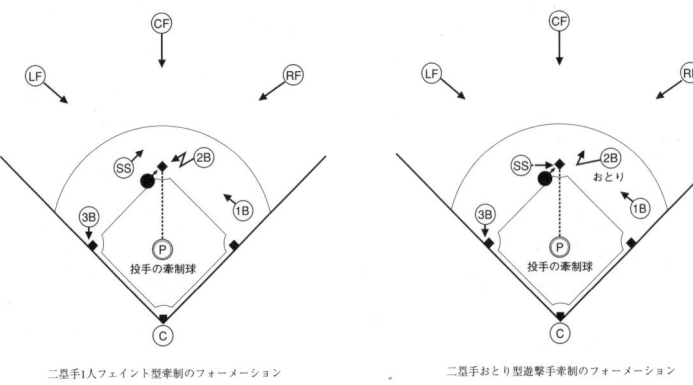

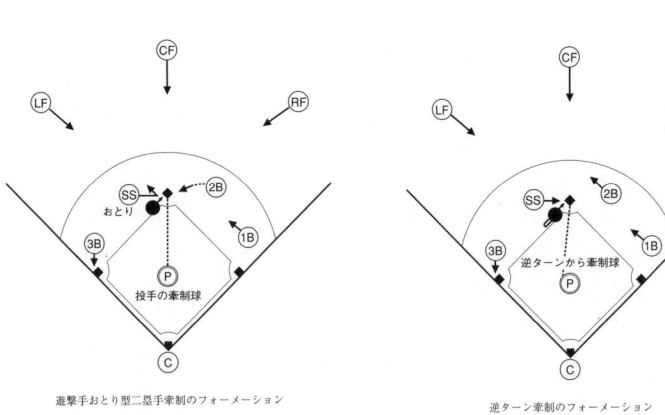

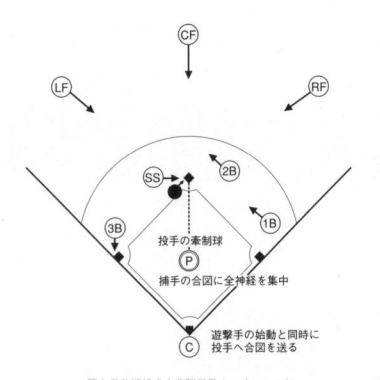

二塁手おとり型遊撃手牽制のフォーメーション

遊撃手おとり型二塁手牽制のフォーメーション

逆ターン牽制のフォーメーション

捕手の合図による牽制のフォーメーション

(2)ヒッティング

　中軸打者に打順が回った場合や点差が離れている場合など、犠牲バントをせずに打たせたい場合に用いる戦術である。この場合はランナーの後ろ、ライト方向を狙って鋭いゴロを打つのが鉄則である。

④ 0アウト・一・二塁
(1)犠牲バント

　最も多く用いられる戦術である。確率的選択と言う意味においてランナーを二、三塁に送るためには最も優れている。一般的に三塁手にとらせるバントが良いとされているが、相手のバントディフェンスに対応し、転がす方向を決定する。また、0アウト二塁の場合と同様、さまざまな牽制により二塁ランナーのリードを小さく、あるいは、刺殺しようとするので注意が必要である**（0アウト2塁の犠牲バンドの図を参照）**。

(2)ヒッティング

　中軸打者に打順が回った場合や点差が離れている場合など、犠牲バントをせずに打たせたい場合に用いる戦術である。この場合はランナーの後ろ、ライト方向を狙って鋭いゴロを打つ。

⑤ 0アウト三塁
(1)ヒッティング

　最も多く用いられる戦術である。ヒット、犠牲フライ、あるいは、内野ゴロなどにより得点することができる。

(2)スクイズ

　スクイズが得意な打者の場合に用いる戦術である。

(3)セーフティースクイズ

　転がったことを判断してからランナーがスタートする戦術で

ある。ただし、この戦術には打者のセーフティバント技術と三塁ランナーの判断力が必要となる。この２つの能力が揃えば非常に有効な戦術である。

⑥ 0アウト一・三塁
(1)ヒッティング
　ヒット、犠牲フライ、あるいは内野ゴロなどにより得点できる。この場合は一塁ランナーの後ろ、ライト方向を狙った方が得点の可能性が高い。
(2)スクイズ
　スクイズが得意な打者の場合に用いる戦術である。成功すると１アウト二塁とチャンスが続く。
(3)スチール
　相手捕手の肩が弱い場合、ダブルスチールを警戒している場合、あるいはスクイズを警戒し一塁ランナーに無警戒な場合などに用いる戦術である。一塁ランナーの足が速いことが条件である。
(4)犠牲バント
　ダブルプレイを取られたくない場合、しかも、スクイズが不得意な打者の場合に用いる戦術である。
(5)ヒットエンドラン
　この場合のヒットエンドランは一塁ランナーとのものである。ダブルプレイを取られたくない場合に用いる。打者は必ずゴロを打たなければならない。

⑦ 0アウト二・三塁
(1)ヒッティング
　最も多く用いられる戦術である。ヒット、犠牲フライ、あるいは内野ゴロなどにより得点できる。

(2)スクイズ
　スクイズが得意な打者の場合に用いる戦術である。成功すると1アウト三塁とチャンスが続く。また、ツーランスクイズになる可能性もある。
(3)セーフティースクイズ
　転がったことを判断してからランナーがスタートする戦術である。ただし、この戦術には打者のセーフティバント技術と三塁ランナーの判断力が必要である。この2つの能力が揃えば非常に有効な戦術となる。

⑧ 0アウト満塁
(1)ヒッティング
　最も多く用いられる戦術である。ヒット、犠牲フライなどにより得点できる。
(2)スクイズ
　スクイズが得意な打者の場合に用いる戦術である。ただし、フォースプレイなので三塁ランナーの高いスタート技術が要求される。

⑨ 1アウト一塁
(1)ヒットエンドラン
　一気に1アウト一・三塁を狙ったり、ダブルプレイにならないように用いる戦術である。打者はゴロを打つことが鉄則である。しかも、一塁ランナーの後ろ、ライト方向を狙った方がランナーが先の塁まで進める可能性が高い。また、ダブルプレイになる危険性も低くなる。
　しかし、守備隊形によっては、三遊間を狙うことも有効である。

(2)スチール
　一塁ランナーの足が速い場合に用いる戦術である。成功すると、1アウト二塁とチャンスは広がる。
(3)ディレードスチール
　1アウト二塁にするためにスチールをしたい場面で、二塁手、遊撃手のベースカバーが緩慢な場合に用いる戦術である。
(4)ランエンドヒット
　一塁ランナーの足が速い時に用いる戦術である。一気に1アウト一・三塁を狙ったり、ダブルプレイを防ぐために用いる。打者が打つときは、必ずゴロを打つこと。しかも、一塁ランナーの後ろ、ライト方向を狙った方がランナーが先の塁まで進める可能性が高い。また、ダブルプレイになる危険性も低くなる。しかし、守備隊形によっては三遊間を狙うことも有効である。
(5)ヒッティング
　中軸打者に打順が回った場合など、ランナーを動かさずに打たせたい場合に用いる戦術である。この場合もライト方向を狙った方がランナーが先の塁まで進める可能性が高い。また、ダブルプレイになる危険性も低くなる。
(6)犠牲バント
　1点を争うような試合で、2アウト二塁とし、次打者に期待する戦術である。

⑩ 1アウト二塁

(1)ヒッティング
　最も多く用いられる戦術である。ヒットにより得点することができる。ライト方向を狙ってゴロを打てば、たとえアウトになっても2アウト三塁と相手チームにプレッシャーをかけることができる。

(2)犠牲バント
　1点を争うような試合で、2アウト三塁とし、次打者のヒット、あるいは、三塁にランナーをおき相手にプレッシャーを与える戦術である。
(3)スチール
　二塁ランナーの足が速い場合に用いる戦術である。成功すると、1アウト三塁とチャンスは広がるが、非常に高い確率でスチールが成功すると思われる場合だけ用いる。

⑪ 1アウト一・二塁

(1)ヒッティング
　最も多く用いられる戦術である。ヒットにより得点することができる。この場合は一塁ランナーの後ろ、ライト方向を狙った方が得点の可能性が高い。また、ダブルプレイになる危険性も低くなる。
(2)犠牲バント
　1点を争うような試合で、2アウト二・三塁とし、次打者のヒットで2点を期待する戦術である。また、二・三塁にランナーをおき相手にプレッシャーを与えることもできる。
(3)ヒットエンドラン
　ダブルプレイを防ぐために用いる戦術である。打者はゴロを打つことが鉄則である。しかも、一塁ランナーの後ろ、ライト方向を狙った方がランナーが先の塁まで進める可能性が高い。また、ダブルプレイになる危険性も低くなる。
(4)ダブルスチール
　二塁ランナーの足が速い場合に用いる戦術である。成功すると、1アウト二・三塁とチャンスは広がるが、非常に高い確率でスチールが成功する可能性がある場合に用いる。

⑫ 1アウト三塁

(1)ヒッティング

　最も多く用いられる戦術の一つである。ヒット、犠牲フライ、あるいは、内野ゴロなどにより得点できる。

(2)スクイズ

　ヒッティング同様、最も多く用いられる戦術の一つである。

(3)セーフティースクイズ

　打球が転がったことを判断してからランナーがスタートする戦術である。

　ただし、この戦術には打者のセーフティバント技術と三塁ランナーの判断力が必要である。この2つの能力が揃えば非常に有効な戦術である。

⑬ 1アウト一・三塁

(1)ヒッティング

　最も多く用いられる戦術の一つである。ヒット、犠牲フライ、あるいはダブルプレイ崩れなどにより得点できる。この場合は一塁ランナーの後ろ、ライト方向を狙った方が得点の可能性が高い。

(2)スクイズ

　最も多く用いられる戦術の一つである。成功すると2アウト二塁とチャンスが続く。

(3)スチール

　相手捕手の肩が弱い場合、ダブルスチールを警戒している場合、あるいはスクイズを警戒して一塁ランナーに無警戒な場合などに用いる戦術である。

(4)ランエンドヒット

　この場合のランエンドヒットは一塁ランナーとのものであ

る。ダブルプレイを取られたくない場合に用いる。打者は必ずゴロを打たなければならない。一塁ランナーの足が速い場合に用いる。
(5)ヒットエンドラン
　この場合のヒットエンドランは一塁ランナーとのものである。ダブルプレイを取られたくない場合に用いる。打者は必ずゴロを打たなければならない。
(6)ダブルスチール
　相手捕手の肩が強く、一塁ランナーのスチールを刺しにくる場合に用いる戦術である。
(7)犠牲バント
　打者に打力がなく、スクイズも不得意な場合、ダブルプレイを防ぐための戦術である。

⑭ 1アウト二・三塁
(1)ヒッティング
　最も多く用いられる戦術の一つである。ヒット、犠牲フライ、あるいは内野ゴロなどにより得点できる。
(2)スクイズ
　最も多く用いられる戦術の一つである。成功すると2アウト三塁とチャンスが続く。また、ツーランスクイズになる可能性もある。
(3)セーフティースクイズ
　打球が転がったことを判断してからランナーがスタートする戦術である。ただし、この戦術には打者のセーフティバント技術と三塁ランナーの判断力が必要である。この2つの能力が揃えば非常に有効な戦術である。

⑮ 1アウト満塁
(1)ヒッティング
　最も多く用いられる戦術である。ヒット、犠牲フライなどにより得点できる。
(2)スクイズ
　スクイズが得意な打者の場合に用いる戦術である。ただしフォースプレイなので三塁ランナーの高いスタート技術も要求される。

⑯ 2アウト一塁
(1)スチール
　一塁ランナーの足が速い場合に用いる戦術である。成功すると、2アウト二塁とチャンスになる。
(2)ディレードスチール
　2アウト二塁にするためにスチールをしたい場面で、二塁手、遊撃手のベースカバーが緩慢な場合に用いる戦術である。
(3)ランエンドヒット
　一塁ランナーの足が速い時に用いる戦術である。一気に2アウト一・三塁を狙う。
　打者は好きな球だけを打ち、2ストライクまでは、たとえストライクであってもヒットできない投球であれば打つ必要はない。
(4)ヒッティング
　中軸打者に打順が回った場合など、ランナーを動かさずに打たせたい場合に用いる戦術である。

⑰ 2アウト二塁
(1)ヒッティング
　最も多く用いられる戦術である。

(2)スチール
　二塁ランナーの足が速い場合に用いる戦術である。成功すると、2アウト三塁とチャンスは広がり、相手にプレッシャーを与えることができる。非常に高い確率で成功すると思われる場合にのみ用いる。

⑱ 2アウト一・二塁
(1)ヒッティング
　最も多く用いられる戦術である。
(2)ダブルスチール
　二塁ランナーの足が速い場合に用いる戦術である。成功すると、2アウト二・三塁とチャンスは広がり、相手にプレッシャーを与えることができる。非常に高い確率で成功すると思われる場合にのみ用いる。

⑲ 2アウト三塁
(1)ヒッティング
　最も多く用いられる戦術である。

⑳ 2アウト一・三塁
(1)ヒッティング
　最も多く用いられる戦術である。
(2)スチール
　相手の捕手の肩が弱い場合、ダブルスチールを警戒している場合に用いる戦術である。
(3)ダブルスチール
　相手捕手の肩が強く、一塁ランナーのスチールを刺しにくる場合に用いる戦術である。

(4)ランエンドヒット

　この場合のランエンドヒットは一塁ランナーとのものである。打者は好きな球だけを打ち、2ストライクまでは、たとえストライクであってもヒットできない投球であれば打つ必要はない。

㉑ 2アウト二・三塁

(1)ヒッティング

　最も多く用いられる戦術である。

㉒ 2アウト満塁

(1)ヒッティング

　最も多く用いられる戦術である。

3．守備の戦術

　守備の戦術は、1）守備隊形、2）バントディフェンスのフォーメーション、3）牽制のフォーメーションに大別できる。
　1）～3）のすべてにおいて、これが絶対的なものであるという、唯一の正解はない。自チームの選手の肩の強さ、フットワーク、守備範囲、相手チームの走者の人数、走力、打順、試合状況（点差、イニング）などによって変えなければならない。

1）守備隊形

①深めの守備隊形（定位置）

　ランナーがいない場合などの深めの守備隊形である（一般に

定位置と呼ばれる)。ここにあげてある数値は目安であり、選手の肩の強さ、守備範囲、相手ランナーの走力、イニング、点差などによって変化するものである。また、相手チームの分析結果を基に積極的に変化させていく必要がある。
(0アウトランナーなし、1アウトランナーなし、2アウトランナーなし、2アウト二塁、2アウト三塁、2アウト一・二塁、2アウト二・三塁、2アウト満塁の場合)

右打者
(1)定位置
(2)セーフティバント警戒：一・三塁手は前進する。
(3)俊足の打者：内野手は少し前進する。
(4)強打者：三塁手は少し後退する。
(5)プルヒッター：遊撃手、中堅手、右翼手は左寄り、左翼手は深めに守備位置を変える。
(6)2アウトランナーなし：長打を警戒し、一・三塁手はライン際を固める。

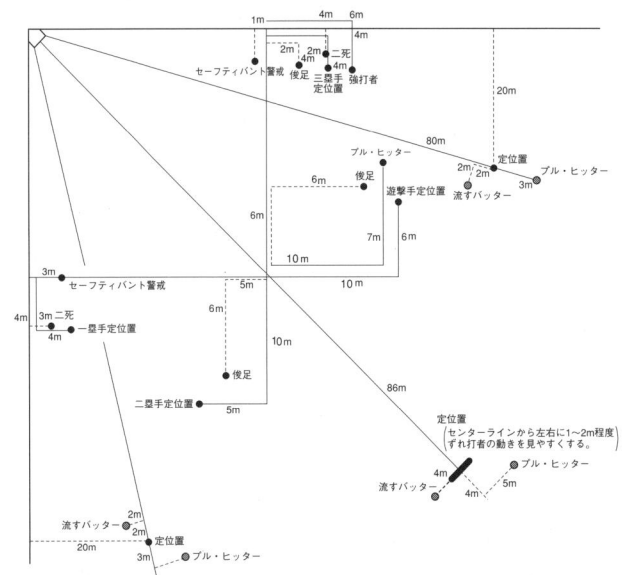

深めの守備隊形（右打者）

左打者
(1)定位置
(2)セーフティバント警戒：一・三塁手は前進する。
(3)俊足の打者：内野手は少し前進する。
(4)強打者：一塁手は少し後退する。
(5)プルヒッター：二塁手、遊撃手、外野手は右寄りに守備位置
　　　　　　　　を変える。
(6)2アウトランナーなし：長打を警戒し、一・三塁手はライン
　　　　　　　　際を固める。

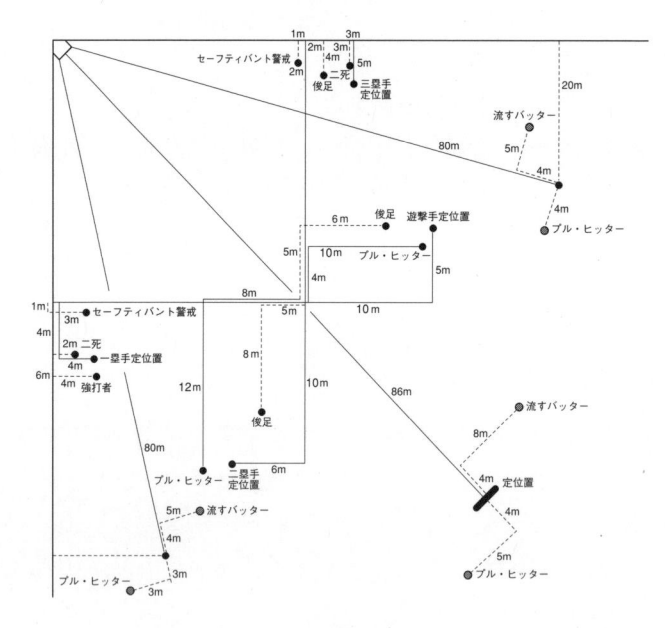

深めの守備隊形（左打者）

②バント守備隊形
　犠牲バントの確率が高い場合の守備隊形である。ここにあげ

てある数値は目安であり、選手の肩の強さ、守備範囲、相手ランナーの走力、イニング、点差などによって変化する。また、100％犠牲バントとは限らないので戦況に応じて守備隊形を変化させる必要がある。
（0アウト一塁、0アウト二塁、0アウト一・二塁の場合）

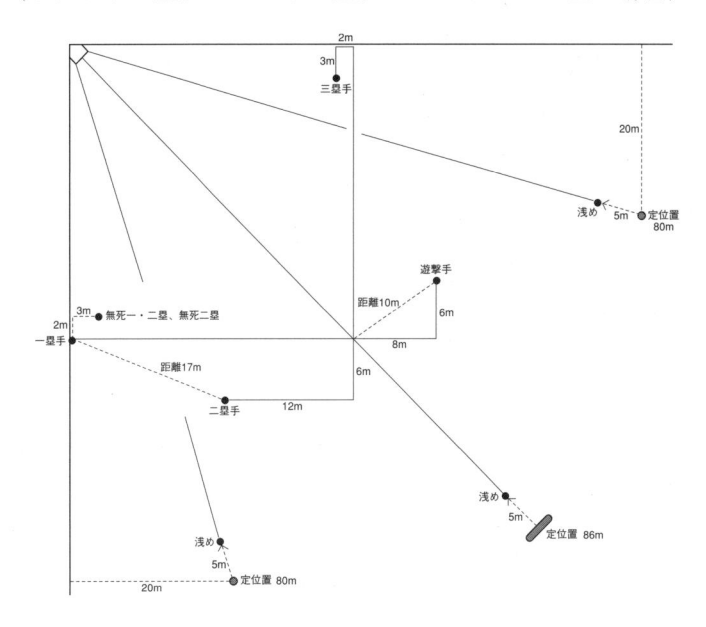

バント守備隊形

　また、バント守備隊形からどのようなバントデフェンスのフォーメーションをとるかも戦術の大きなポイントである。
　以下にバントデフェンスフォーメーションの主なものをあげた。

【バントディフェンスのフォーメーション（0アウト1塁の場合）】
(1)ノープレス型のフォーメーション
　アウト数を確実に増やそうとする基本型である**(右図)**。
(2)三塁手プレス型のフォーメーション
　プルヒッターの左打者でバントか強打かわかりにくい場面や、2ストライク後、依然バントの確率は高いが二塁盗塁、バスターエンドランも考えられる場面に用いる**(下図左)**。
(3)一塁手プレス型のフォーメーション
　一塁ランナーの足が遅く二塁盗塁は全く考えられない状況で、プルヒッターの右打者の場面に用いる**(下図右)**。

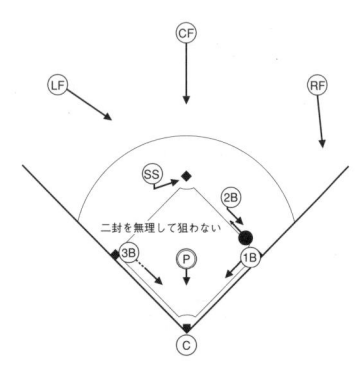

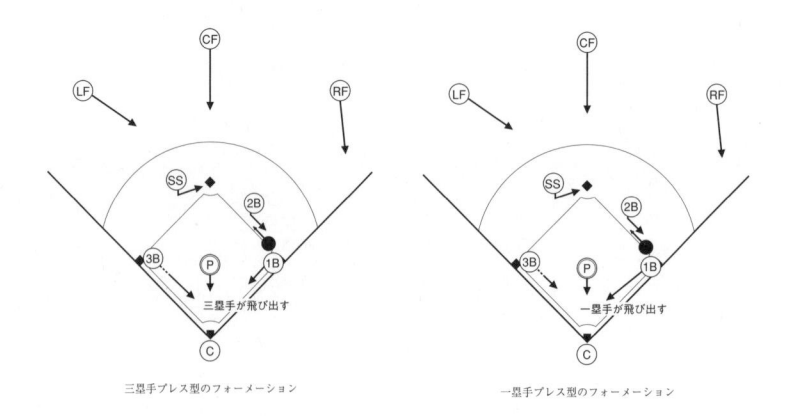

ノープレス型のフォーメーション

三塁手プレス型のフォーメーション

一塁手プレス型のフォーメーション

第6章　戦術

(4) オールプレス型のフォーメーション

　二塁封殺を狙う攻撃型の守備隊形である。一塁ランナーの足が遅い場合や、投手のときなど二塁盗塁が全く考えられない状況で、犠牲バントの確率が極めて高い場面に用いる**（右図）**。(6)と併用した方がよい。

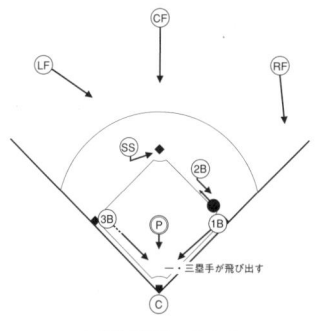

(5) 二塁手プレス型のフォーメーション

　一塁手の守備に不安（弱肩、鈍重）がある場合に用いる**（下図左）**。二塁手の動きが非常に良い場合、二塁封殺を狙う攻撃型である。ただし、一・二塁間に打たれると無防備となる。

(6) 一塁手フェイントから牽制型のフォーメーション

　二塁盗塁、バスターエンドラン、ヒットエンドランなどのランプレイが考えられる場合に用いる**（下図右）**。

　一塁手が早く飛び出した場合、二塁盗塁を仕掛ける戦術を持っているチームに対して行うと有効である。

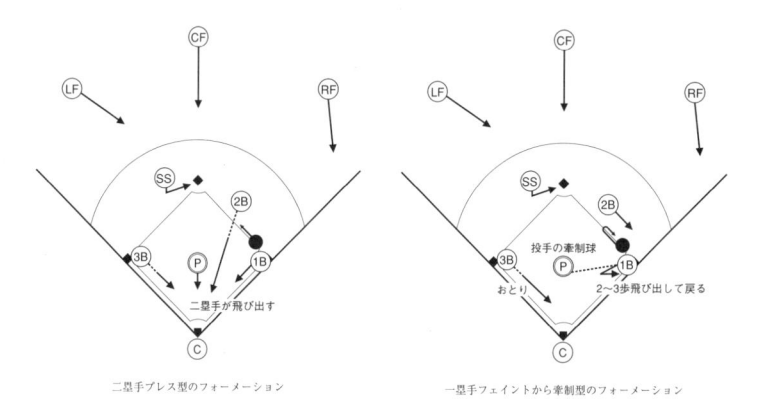

オールプレス型のフォーメーション

二塁手プレス型のフォーメーション

一塁手フェイントから牽制型のフォーメーション

(7) 一塁手フェイントから本塁投球型のフォーメーション

　一塁ランナーのスタートを遅らせ二塁封殺を狙う場合に用いる。一塁手のプレスはないので打者は一塁側にバントしてくる。投手は一塁側に飛び出し、二塁封殺を狙う**(右図)**。

　前記の(6)との併用が有効である。

(8) 捕手から二塁手へのピックオフ型のフォーメーション**(下図左)**

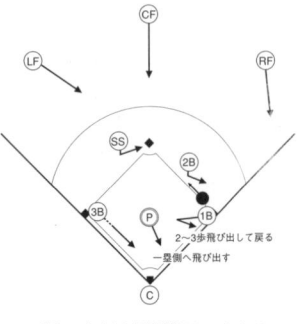

　ウエストするコースは、高低はストライクゾーン、左右がアウトコースボールになるようにする（一塁ランナーは高低でのストライク、ボールの判断はしやすいが左右のストライク、ボールの判断はしにくいため）。

(9) 投手が投手板を外すピックオフ型のフォーメーション

　一塁手が早く飛び出した場合、二塁盗塁を仕掛ける戦術を持っているチームに対して行うと有効である**(下図右)**。

　右投手は必ず軸足を投手板の後方にはずし、一塁への牽制を行うこと。これは牽制中断によるボークを防ぐと同時に、一塁ランナーのスタートがよい場合には、遊撃手に送球する、あるいは、直接ランナーを追いかけるためである。

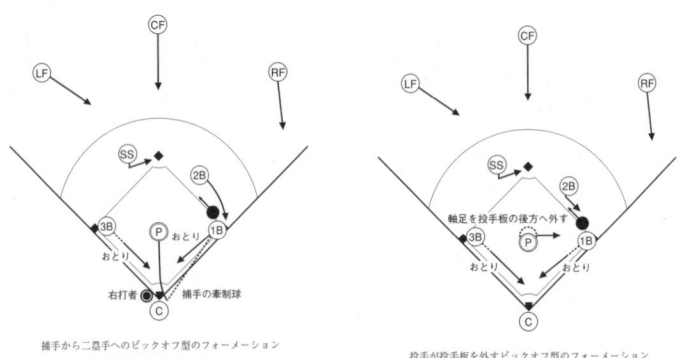

一塁手フェイントから本塁投球型のフォーメーション

捕手から二塁手へのピックオフ型のフォーメーション

投手が投手板を外すピックオフ型のフォーメーション

【バントディフェンスのフォーメーション（0アウト2塁、0アウト1.2塁の場合）】

(1)ノープレス型のフォーメーション

アウト数を確実に増やそうとする基本型である。

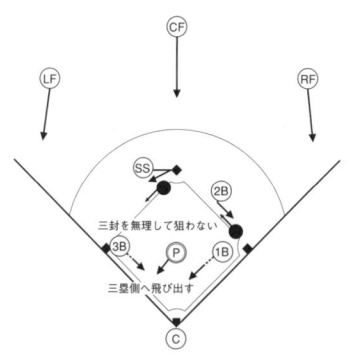

(2)オールプレス型のフォーメーション

三塁封殺を狙う攻撃型。

遊撃手がスタートを切った際に、二塁ランナーに追随され、簡単に三塁盗塁される場合がある。その場合は、投手が軸足を後方に外せば、二塁ランナーを容易に挟殺できる。

次頁の(4)、(6)との併用が有効である。

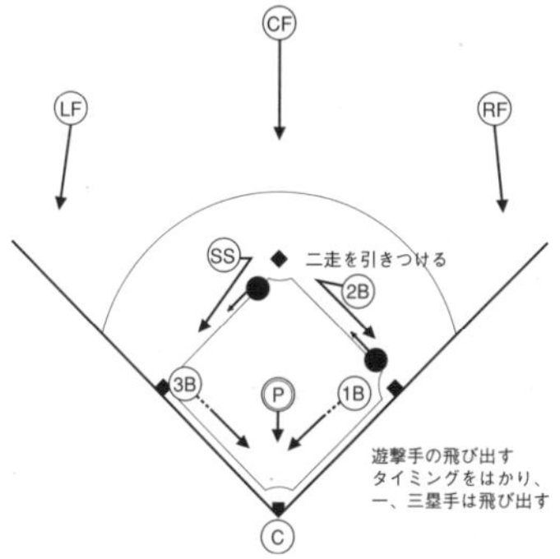

(3)遊撃手の牽制で本塁投球型のフォーメーション

三塁封殺を狙う攻撃型の応用である。

二塁ランナーのリードが小さくなるので、かなり高い確率で三塁封殺を狙える。

強攻策にも十分対応でき、非常に有効なフォーメーションである。

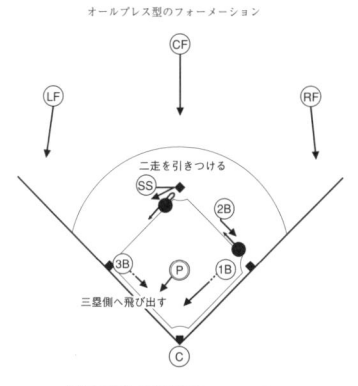

ノープレス型のフォーメーション

オールプレス型のフォーメーション

遊撃手の牽制で本塁投球型のフォーメーション

(4)オールプレスから二塁手のピックオフ型のフォーメーション

　オールプレスフォーメーションで遊撃手がスタートを切った際に、二塁ランナーが追随して三塁盗塁を狙ってくるチームに対して有効である。

(5)捕手から二塁手へのピックオフ型のフォーメーション

　二塁ランナーの牽制死を狙う攻撃型の応用である。

　二塁ランナーは帰塁せず、ちゅうちょなく三塁に突進するケースがあるので注意が必要である。

　その場合、捕手は二塁ランナーの動きに対応し、三塁に送球するか、ボールを持ったままランナーを追いかけるのか判断する。

(6)投手の逆ターン牽制型のフォーメーション

　遊撃手のおとりで二塁手が牽制死を狙う攻撃型の応用。

　オールプレス型フォーメーションの後に行うと有効。

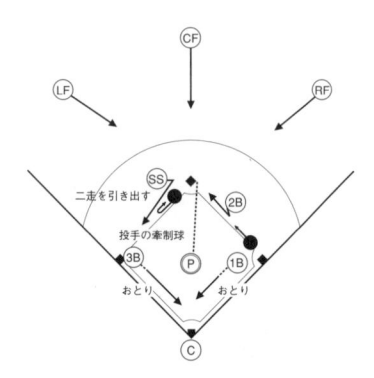

オールプレスから二塁手のピックオフ型のフォーメーション

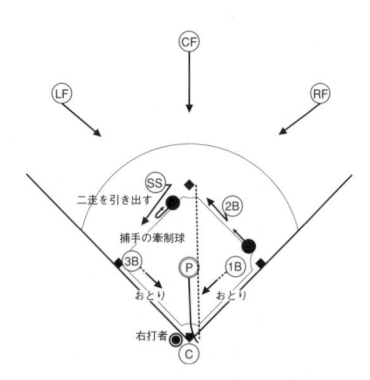

捕手から二塁手へのピックオフ型のフォーメーション

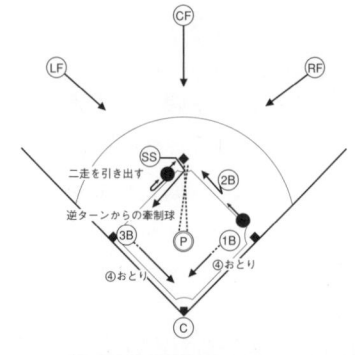

投手の逆ターン牽制型のフォーメーション

③浅めの守備隊形
（1アウト二塁、2アウト一塁、2アウト一・三塁の場合）
　　遊撃手、二塁手の両者が一塁ランナーの二塁盗塁の際に、すぐにベースカバーやバックアップをしたり、二塁ランナーに対する投手からの牽制に備える場合の守備隊形である。

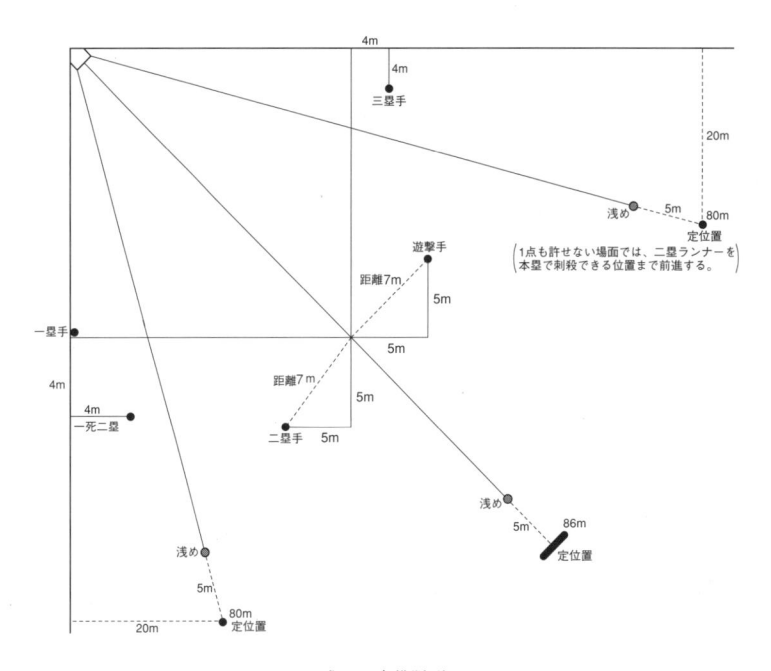

浅めの守備隊形

④中間守備隊形（ダブルプレイ隊形）
（1アウト一塁、1アウト一・二塁、1アウト一・三塁、1アウト満塁の場合）

二塁経由のダブルプレイを狙う場合の守備隊形であるが、1アウト一・三塁、1アウト満塁のケースで内野手の前方に緩い打球が飛び、セカンドダブルプレイが不可能と判断された場合は、本塁に送球して失点を防ぐ場合もある。

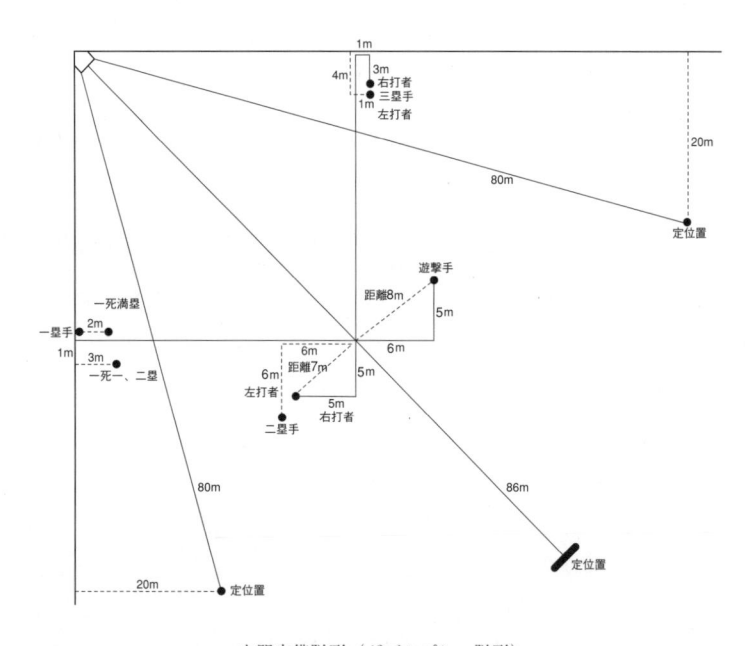

中間守備隊形（ダブルプレー隊形）

⑤前進守備隊形（本塁刺殺・封殺隊形）
（0アウト三塁、0アウト一・三塁、0アウト二・三塁、0アウト満塁、1アウト三塁、1アウト二・三塁の場合）

第6章　戦術

　本塁での刺殺（タッチアウト）や封殺（フォースアウト）を狙う守備隊形である。

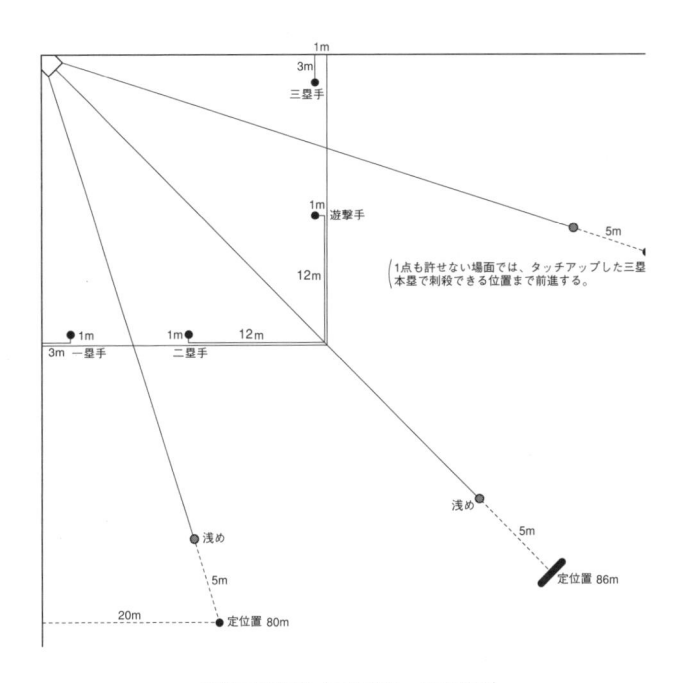

```
         1m
        ●三塁手
      3m

        ●遊撃手
       1m
                        ●5m
      12m
              1点も許せない場面では、
              タッチアップした三塁
              本塁で刺殺できる位置まで前進する。

  ●  ●一塁手  ●二塁手
 3m      1m    12m

                ●浅め
        ●浅め
        5m          5m
                    ●定位置86m
   20m   ●定位置80m
```

前進守備隊形（本塁刺殺・封殺隊形）

⑥重盗阻止守備隊形
（0アウト一・三塁、1アウト一・三塁、2アウト一・三塁の場合）
　ランナー一・三塁からのダブルスチールで本塁突入を阻止するための守備隊形である**（図次頁）**。

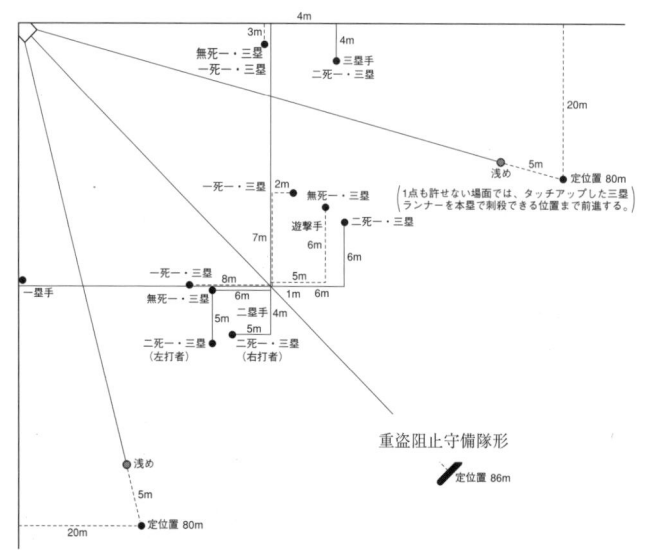

また、さまざまな守備隊形からどのような牽制のフォーメーションを選ぶかも戦術の大きなポイントである。
　以下に牽制のフォーメーションの主なものをあげた。

【牽制のフォーメーション（0アウト2塁、1アウト2塁、2アウト2塁の場合）】

(1)遊撃手直接型牽制のフォーメーション
(2)二塁手直接型牽制のフォーメーション

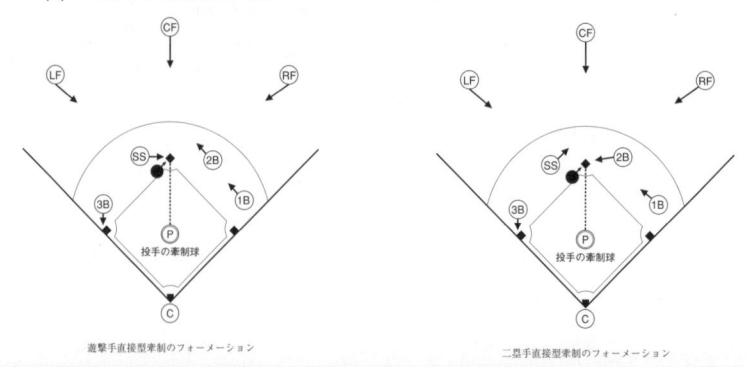

(3) 遊撃手1人フェイント型牽制のフォーメーション
(4) 二塁手1人フェイント型牽制のフォーメーション

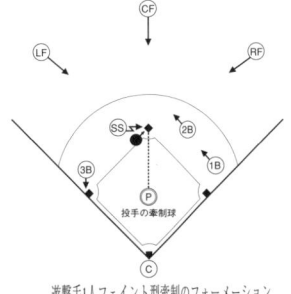

遊撃手1人フェイント型牽制のフォーメーション 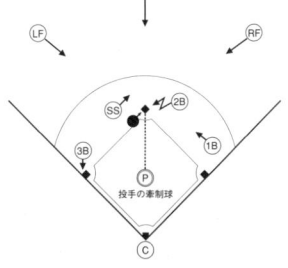　　二塁手1人フェイント型牽制のフォーメーション

(5) 二塁手おとり型遊撃手牽制のフォーメーション
(6) 遊撃手おとり型二塁手牽制のフォーメーション

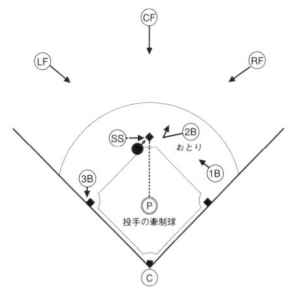

二塁手おとり型遊撃手牽制のフォーメーション 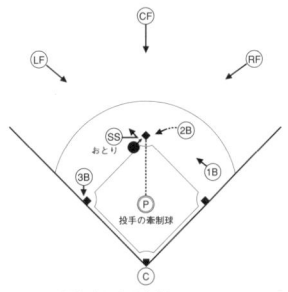　　遊撃手おとり型二塁手牽制のフォーメーション

(7) 逆ターン牽制のフォーメーション
(8) 捕手の合図による牽制のフォーメーション

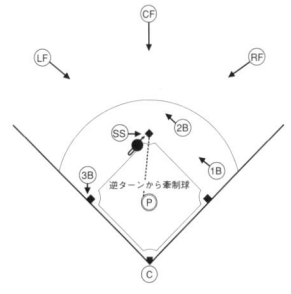

逆ターン牽制のフォーメーション 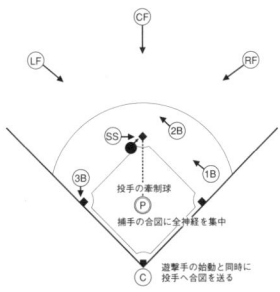　　捕手の合図による牽制のフォーメーション

【牽制のフォーメーション（2アウト一・二塁、2アウト満塁の場合）】
(1)投手から一塁手への牽制型のフォーメーション

【牽制のフォーメーション（0アウト一塁、1アウト一塁、2アウト一塁の場合）】
(1)三塁手の合図による牽制のフォーメーション

【牽制のフォーメーション（0アウト2、3塁、1アウト2、3塁）】
(1)3塁手への擬投から2塁手への牽制のフォーメーション

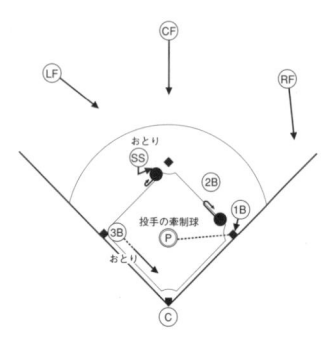

投手から一塁手への牽制型のフォーメーション

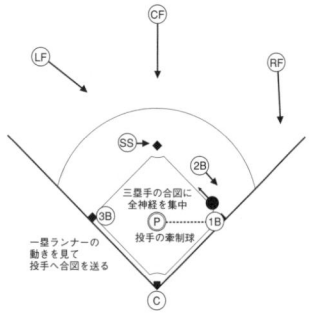

三塁手の合図による牽制のフォーメーション

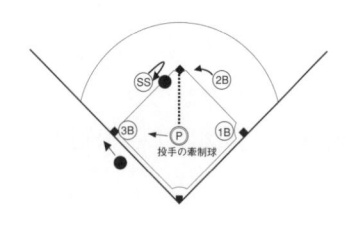

三塁手への擬投から二塁手への牽制のフォーメーション

参考文献
『New学問のみかたシリーズ③スポーツ学のみかた』　上平雅史他　朝日新聞社
『アマチュア野球教本Ⅱ防御のマニュアル』　功力靖雄　ベースボールマガジン社
『監督の条件　決断の法則』　森祇昌　講談社

第7章　チームという組織

大貫　克英

1．チームのもつ意味（グループダイナミクス）

　チームとは、そこに所属しているすべての選手が共通の目的を持っていることが第一の条件である。その目的に対して各人が役割を分担し、互いに協力し、活動する人々の集まりである。
　チームが存続するために大切なことは以下の3点である。

1）チームの目標達成がすべてに最優先されること
　チームとして、決められた方針（ルール）が各選手の行動を決定する上で常に最優先されなければならない。一つの組織が行動する際、いくつかの選択肢の中から一つの方向を決め、動いてこそ各人の力が集約され、チームとしての力が発揮される。

2）チームの目標達成のため傾注する意欲に差がないこと
　練習、試合を含むすべての行動に対して真剣に取り組む姿勢があって始めて共通の認識が生まれてくる。意欲（やる気）のレベルを全体として高く維持できているからこそ、各個人に対する要求が高まり、各人がその行動の結果を真摯に受け止める素直な姿勢が生まれる。

3）チームの目標達成に対して互いに協力し合うこと
　各人がチームの目標に対し真剣に取り組めば、互いに必要な要素を見つけアドバイスし合うことができる。大切なことは、快く受け入れる姿勢と感じたことを率直に指摘できる雰囲気である。そこから、常に建設的で実行可能な内容による活発な議論が展開される。
　ベースボールの国、アメリカでは個々のプレイヤーに技術面

における多くの自由が認められている（コーチたちは選手に必要であっても本人が自らそれを必要とするまではアドバイスしない）。

その結果に対する評価はシビアで、それに伴う練習環境など、ハード面に優劣がつくことも当然、理解している。そこに厳しい競争の原理が働いているのである。

また、個々の技術に対して、ある程度の自由はあるもののチーム単位の行動や取り組む姿勢、スポーツマンとしての資質については、すべてに方針があり、厳しいルールが存在している。それを受け入れることが、チームに存在しつづけることのできる条件である。

トレーニングやチームとして任された事柄を真剣に行うことは、集団に対する自己の責任である。要求された内容を各人がどのように受け止めるかが、その後の取り組みに影響を与える。自らがその内容を理解し進んで取り込めば終始同じ内容の事柄を継続できるが、他者からの刺激でやらされているのであれば、行動はその刺激がなくなればおろそかになってしまう。大切なことは、行動が自発的な地点から開始されることである。

チームの伝統を維持することは、集団をまとめるための重要な手段である。同時に伝統の内容を堪えず新しい価値観に適合させていくことも課題とされている。

これらの事柄を理解して集まった人々が、それぞれの角度からチームを考えることが必要となる。単に技術面で優れている選手だけでなく、コーチング、マネージング、トレーニング、コンデイショニング、スカウティング、ジャッジメントなどの各分野に興味を持ち、秀でた才能を持った人材によってチームは組織されるべきである。

2．チームの運営

　チームを強化していくためには、さまざまな角度からのリサーチとサポートするセクションが必要となる。それは、チーム力の向上にとって何が必要かを考えることから始める。たとえば、一つの技術（バッティング、ピッチングなど）のレベルアップを考えた場合、そこに影響を与えている要素をあげてみる。バットが自在に振り切れないのか、振り方に問題があるのか、振るのに予測が不十分なのか、体調がすぐれず振れないのか、場面に萎縮していないか、などさまざまな角度から、その技術を考えて分析していくことが大切である。
1）どのような体力、筋力をどのようにつけるか（体力的）
2）身体動作の面からの工夫（バイオメカニクス的）
3）実戦の場面での予測や準備が適切であったか（スカウティング・リサーチ）
4）体調の維持が十分か（生理的、コンディショニング的）
5）自らの力を充分発揮できる精神状態か（メンタル面）
6）ルール面に対する知識は（ジャッジ面）
7）効率的な練習の進行および日程調整（マネージメント）
　次に、これらの事柄を実践できるサポートスタッフの育成、および発掘などが必要となってくる。こうして、チームに必要なセクションが生まれ、専門に応じて主となるセクションと、それを補助するセクションが、活発なミーティングを行いながら活動する。各セクション間の重要性に差があってはならず、優先順位は、その時々で全体を見渡すリーダーが決定する。
　また、適材適所という言葉があるように人には優れた点が必

第7章 チームという組織

ずある。個人の持つ能力のどの部分を生かしていくかはチームの求めているものと、その時に集まった人員とを総合的に判断し、バランス良く配置することが大切である。

　以上のような事柄を考慮し、実践している日体大野球部を例にとって各セクションの具体的な活動を紹介する。

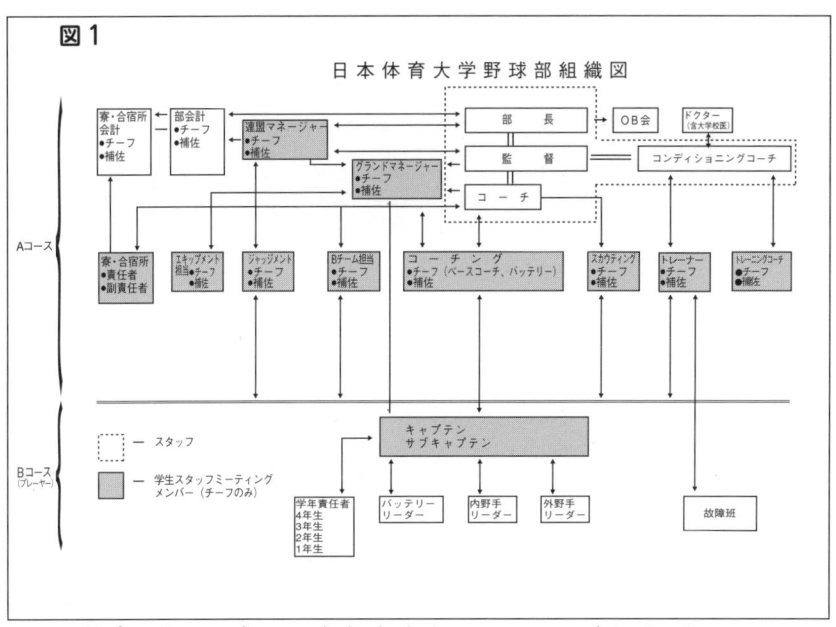

図1

日本体育大学野球部組織図

　図1にあるように、大きく分けてAコース（サポートスタッフ）と、Bコース（プレイヤー）に分かれ、各セクションの主なつながりや流れを線で結んである。この組織図を基本にしながら活動し、自分たちの活動をさまざまな角度から結びつけていく。また、Aコースは少年野球の練習などの手伝いを通じて指導法についても学習する。

主な役割は次のようなことである。

①マネージャー
(1)渉外担当
　野球部がその所属する各団体、組織の中で活動を行う上での学生代表としての窓口となる。

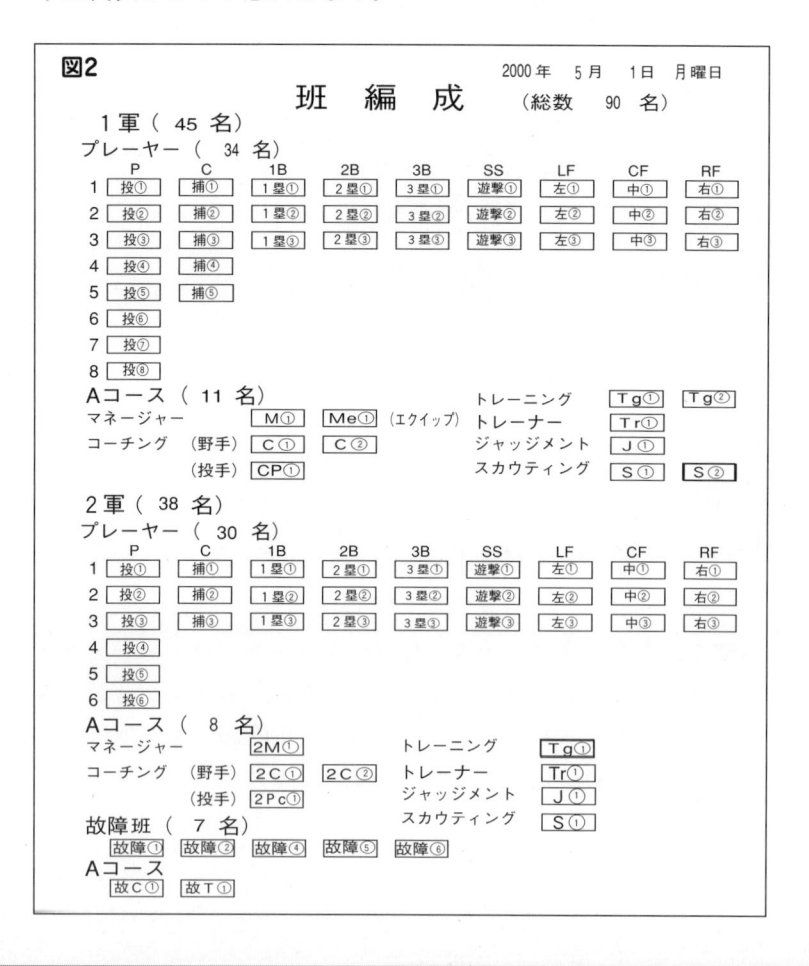

```
図2                              2000年 5月 1日 月曜日
            班 編 成    （総数 90 名）
    1軍（ 45 名）
    プレーヤー（ 34 名）
       P      C     1B    2B    3B    SS    LF    CF    RF
    1 投①  捕①  1塁①  2塁①  3塁①  遊撃①  左①  中①  右①
    2 投②  捕②  1塁②  2塁②  3塁②  遊撃②  左②  中②  右②
    3 投③  捕③  1塁③  2塁③  3塁③  遊撃③  左③  中③  右③
    4 投④  捕④
    5 投⑤  捕⑤
    6 投⑥
    7 投⑦
    8 投⑧
    Aコース（ 11 名）              トレーニング  Tg①  Tg②
    マネージャー    M①   Me①  (エクイップ)  トレーナー    Tr①
    コーチング （野手） C①   C②         ジャッジメント  J①
              （投手） CP①             スカウティング  S①  S②
    2軍（ 38 名）
    プレーヤー（ 30 名）
       P      C     1B    2B    3B    SS    LF    CF    RF
    1 投①  捕①  1塁①  2塁①  3塁①  遊撃①  左①  中①  右①
    2 投②  捕②  1塁②  2塁②  3塁②  遊撃②  左②  中②  右②
    3 投③  捕③  1塁③  2塁③  3塁③  遊撃③  左③  中③  右③
    4 投④
    5 投⑤
    6 投⑥
    Aコース（ 8 名）
    マネージャー    2M①            トレーニング  Tg①
    コーチング （野手） 2C①  2C②     トレーナー    Tr①
              （投手） 2Pc①         ジャッジメント  J①
    故障班（ 7 名）                 スカウティング  S①
        故障①  故障②  故障④  故障⑤  故障⑥
    Aコース
        故C①  故T①
```

○所属連盟に関する仕事
○大学学友会に関する仕事
○ＯＢ会に関する仕事
(2)グラウンド（練習）担当
　チームの方針により立てられた、さまざまな計画が円滑に進む準備と実践を中心に行う。
○練習中の選手の動向を掌握し誘導する。また、Aコースを練習内容によって配置する。
○班編成を作成する**（図２）**。
○練習がタイムテーブル通り進むべく用具を準備させる。
○公式戦、練習試合、合宿練習などの準備と実践を総合的に行う。
(3)エクイップメント（用具）担当
　練習に関する用具の準備と管理を行う。
○練習中、必要となるであろう用具の準備を行う。
○用具の状況を常に把握し、安全に、かつ効率よく練習できるよう準備する。
○定期的に用具を点検し、年間通しての消耗頻度をまとめる(次年度の購入計画)。
○施設の維持、管理についても気を配る。

②コーチング
(1)野手担当
　打撃、守備、走塁に関する各選手の課題克服のため練習をサポートする。ビデオなどによるフオームチェックも行う。
　また、練習時間内外を問わずに行うことのできる個人練習をサポートする。
○打撃練習のサポート（トス、ティーの補助、バッテイング投手、フォームチェック）

○守備練習のサポート（ノック、スローイング、キャッチングなど）
○走塁練習のサポート
○実践練習におけるランナーコーチ

(2) 投手担当

　ピッチングと守備練習を中心に、ランニングやトレーニングなどもトレーニングセクションと意見交換しながらサポートする。また、野手と投手は別のメニューで練習を行うことが多く、投手の練習におけるマネージャー的な要素も含まれている。
○ピッチングの状況を記録する
○守備練習のサポート（ノック、スローイングなど）
○ランニング、トレーニングなどのサポート

(3) Bチーム担当

　Bチーム全体を掌握し、練習計画の原案を作成する。また、そのグループ内での状況をスタッフに定期的に報告し、選手の入れ替えを行う。Bチーム担当は各セクションからなる数名で構成されることが望ましい。

③コンディショニング

　選手が、より高い水準でプレイできるよう体力、筋力の向上、体調の維持の面からコンディショニングコーチの指示のもとトレーニングコーチ、トレーナーがサポートする。
○ウォームアップ、ウォームダウンを行う。
○選手のコンディションを確認し集計する。
○救急処置、テーピング、リハビリのサポートをする。
○トレーニング計画を立てる。
○選手の体力、形態の測定を定期的に行い、身体的な面から選手の状態を把握する。

④スカウティング

　自チーム選手の技術面での特徴を分析する。公式戦、練習試合における記録の集計。他チームの戦力を分析する。
○練習、試合を通じて選手のVTR撮影、ストップウォッチによる計測を行い、特徴を分析する。
○試合を通じて得た成績をもとにその傾向を分析する。

⑤ジャッジメント

　各練習中のジャッジを行い、選手がより実戦に近い状況下で練習できるようサポートする。チームの選手たちが、ルールに対して知識をさらに深められるよう勉強の場を設ける。また、実際のゲームでのジャッジも行う。
○攻撃練習、試合形式ノックなどランナーがつく際のジャッジを行う。
○ブルペンなどでのピッチング練習のジャッジを行う。
○練習試合においての審判を行う。
○ルールに関する勉強会を行う。
○２、３審制を実践する。

　各セクションの活動は週に一度行われる各セクションの代表とスタッフ（部長・監督・コーチ・コンディショニングコーチ）間で行われるミーティングによって調整される。このほかチームにおいて起こるさまざまな事柄に対処する場合もこのミーティングが基準となる。その時々のチームの課題に対し、該当するセクションを中心に計画を立て実行していく。各セクションごと年間を通じて行うべき活動の内容を蓄積し、従来の形式と現況を見比べ、より良い方法を選択する。

⑥ Aコース共通

　以下についてはセクションに関係なく、すべてのAコースが考慮し、実践していく事柄である。

(1)安全面の確保
○打球の飛ぶ方向、距離による危険防止のための配慮（ネットなどの配置）。
○ 投げる、打つ方向を一定にすることでの危険の防止（キャッチボール、ペパーゲームなどは一列で行うとよい）
○ヘルメット、マスク、プロテクター、レガースなどの防護用具の使用を徹底（ブルペンでのマスクなどを含む防具の着用や走塁練習におけるヘルメットの着用など）。
○同一のグラウンド内で行われる複数の練習中は、時間差をつけ危険を防止する（2個所以上でのバッティング練習、ノックにおけるボール回しなど）。
○グラウンドの状況を観察し整備する。
○ネットなどの器具に破損がないか練習前に確認する。

(2)グラウンド整備、用具の使用
○グラウンド状況（天候、時期）に応じた整備方法、手順を知る。
○練習器具の使用方法（バッティングマシンなど）、特徴を知り適切な位置に配置する。
○用具などの簡単な修理を行う。

(3)ノック技術
　より高いノック技術を、反復して身につける。実際の打球に、できるだけ近い打球を打つ工夫と同時に、練習の目的に合ったノックを打てるよう練習する。定期的に測定なども行う。
○ゴロを的確に打つ（位置、バウンドの高さ）
○フライを自在に打つ（位置、上がり方）
○ライナーを意識して打つ

3．チームの力

1）チームワーク

　チームが目的を達成するために、各プレイヤーが責任を担うことがチームワークである。野球はチームで行うスポーツで、個人の持つ力による勝負の場面もあるが、ワンプレイが一人で完了することはほとんどない。各プレイヤーは直接的、間接的な違いはあっても、何らかの影響を与え合っている。

　守備を例にとってみると、打球を捕球したプレイヤーが目的とする塁へ送球し、走者をアウトにする場合、送球する方は相手の次のプレイ（ホースプレイ、タッチプレイ、次への送球）に応じて、高さや場所を変え、送球しようと努力する。

　捕球する方は投げやすいように目標となるジェスチャーをする。投げる方にも捕る方にも責任があり、相手に対しての配慮が必要である。

　双方が思い通りにいけば良いが、そうでない時、アウトになるかならないかは、一つ目の失敗を次のプレイで食い止められるかどうかにかかってくる。送球が中途半端なバウンドをしても捕球できればアウトになるし、逸してしまったとしてもバックアップがあれば、次塁への進塁を防ぐことができる。

　守備、攻撃においても、いずれもつながりあって進められているゲームなので、心がけ次第で一つ前のプレイをカバーできるチャンスは案外と多い。

　初めの失敗が大きな失敗にならないようにすることが次のプレイをする選手の責任である。最初に行う選手とそれに対応する選手が互いにやるべきことを確認し合い（ダブルチェック）

実行しようとしていけば、結果として成功率はアップするものである。

野球に失敗はつき物である。常に次のプレーを予測準備し、何百回に一回の失敗のこと考え、カバーリングとバックアップが簡単にできることがチームとしての本当の強さである。

2）ゲームにおいてのチーム力

野球の場合、静と動が非常にはっきりしている。ワンプレイ（一球）ごとにセットされた状態からスタートすることが多いので攻撃側、守備側それぞれの選手は次プレイに対する予測を動きの中から読み取るだけの時間的余裕（間）が存在している。両チーム合わせると投手が投げる300球近い投球の間に、双方の攻防における意図を見抜くチャンスがある。

勝負の分かれ目は、ほんの小さな動き（兆候）から、瞬時にその後のプレイをどれだけ多く予測できるかが鍵となっている。投手のちょっとした仕種で球種や牽制が予測できたり、打者が打席で構える姿から打つ方向や狙い球が予測できる。サインを受けたランナーのリードの大きさや、足の位置、方向、重心のかけ方にはランナーの意志が表現される。また、相手の監督がどのような作戦を選択するかは、ゲームの流れからある程度絞られる。

大切なことはチーム全体が基本となる共通認識をもつことである。また、それぞれの場において、各人が違った角度から相手の意図を見抜くことのできる目を養うことが要求される。こうして気づいた事柄に対して連携（声やサイン）し、次に起こりうる確率の高いプレイにチーム全体で備えることが必要である。

4．リーダーの役割

1）組織をつくる

　リーダー（コーチ）に求められている知識は、選手の技術力向上、戦略戦術、体力強化に加え、クラブを運営していく上でのマネージメントなど広範囲である。リーダー（コーチ）は、これらの要素について日頃から研究を重ね、知識を増やすことと平行して、現場で実践していかなければならない。指導するスタッフが複数で分業でき、ある決まった範囲について専門的に指導できれば良いのだが、そういった環境は必ずしもととのわないことが多い。

　リーダーは預かった集団に対して行うべきことが、大きく分けて2つある。一つは集まった人に対する「組織づくり」と、もう一つは選手たちが活動しやすい「環境」をつくることである。この両面を充実させ、組織を円滑に機能させることが重要である。リーダーは、その目的達成のため以下の3点を常に考え、チームを組織し、進む方向を明らかにする。

①組織化
　組織（必要とされるセクション）をつくりだし、そこに有効な人材を選ぶ。

②機能性
　つくりだされた組織が互いに独自性を発揮し、多方面から目的の遂行状況を確認でき、それがいち早くチームに生かされるようにする。

③調整力

　組織ができ上がり、機能しているかを目標達成に対する時間と内容の両面を考慮し調整する。これらの事柄についていくつかのチェックポイントを持つようにし、対応できるよう常に準備する必要がある。もう一つの要素である環境の整備については、(1)場所の確保、(2)時間の工夫、(3)用具の準備が必要となる。

　多くの場合、専用のグラウンドがなく一つのグラウンドをいくつかのクラブが併用している。学校のグラウンドを効率よく使用するということと同時に、学外のグラウンドを確保することも必要になってくるであろう。各学校にある活動時間内で効率よく選手たちを動かすにはローテーションを組んだり、メインの練習だけでなく、いくつかの練習を同時に進行させ、担当をつけるなどの工夫が必要である。用具は場所と時間の工夫をする上で重要な要素となる。安全面に配慮し、与えられた環境の中で充分な活動が行える準備が必要であろう。

2）優先順位

　チームという組織が活動していく過程で、頻繁に二律背反いずれかを選択しなければいけないケースが起こってくる。そのチームが、何を目的として存在しているのかを常に考えておくことで優先順位が決まる。練習内容や時間配分（打撃練習なのか、守備練習なのか）も目的に合わせて変わるであろう。その目的も時期やチームの現況によって当然、変化しており、対処していかなくてはならない。

　また、選択された事柄を必ずしも全員が理解し、行動するとは限らない。堪えず観察し、動き出した集団に推進力を与えることが必要である。リーダーの役割は、優先順位をつけ方向性

を示すことと同時に、実行できているかどうかを確認し評価することである。

　選手が育つ課程においても同じような問題が生じることがある。ある短期間の勝利のためにからだを酷使し、スポーツ傷害を引き起こしたり、精神的に燃え尽きてしまう（バーンアウト、燃えつき症候群）などである。コーチは選手のプレイヤースパン（野球を始めてから終わるまでの期間。たとえば小学校で少年野球を始め、中学野球や硬式野球を続け、高校野球、大学野球、社会人野球、プロ野球など各選手が野球活動を終了するまで）を理解して、各選手の将来にわたる全体の指導の一部を任されているという考え方に基づいて、現在の指導を行うべきである。それが、その選手の持っている能力を最大限に発揮させることなのだ。

　また、コーチの評価も試合の結果によるものもあるだろうが、もう一方には、各選手がどのくらいレベルアップしたのかも大切な判断材料である。能力を引き上げたことについての評価も非常に重要である。

3）動機づけ

　リーダーの行うべき仕事の一つに、選手たちに「達成への動機づけ」（モチベーション）を与えることがある。選手たちは、さまざまな動機を持ちながら練習、試合に挑んでいる。その動機がプラスに働いてこそ、選手の良いパフォーマンスが生まれてくる。動機付けのポイントは、次の3点である。

①目標をどこに設定するか
　目標設定は、その選手のレベルによって異なる。初心者や自

信を失いかけている選手であれば、できるだけ成功率の高い内容を選択し、成功の喜びを多く実感できた方が良く、継続していくことにより自信がついてくる。

　逆に専門的に行っている選手や順調に結果が伴っている選手であれば、容易な課題は退屈であり魅力的ではない。ある程度、失敗の可能性もある課題の方が実力を発揮し努力する。

　もう一つ考えておくべきことは、各段階ごとに目の前に置く目標、少し先の目標、かなり先の目標など、実現可能な度合によって目標を決めたり、期間によっていくつかの目標を持ったりすることも大切である。

②行動にどのような意味を持たせるか

　目標に対して行動する時、それを行うことにより周囲に対してどのような影響があるのかを本人が充分理解する必要がある。実行することの重要性を理解させるのと同時に、任されるであろう場面が必ず訪れることを絶えず認識させつづけなければならない。とくに練習で確実にできる内容ほど軽視する傾向がある。たとえばキャッチボールやペパーゲーム、バント練習などである。普段から簡単にできるからこそ、ゲームの大切な場面になればなるほど、簡単なことに対するプレッシャーは大きくなる。簡単に行えることにどれだけ意味を持たせ、真剣に取り組めるかがポイントである。

③どのようなタイミングで伝えるか

　良い目標を得ることと同様に伝えるタイミングがとても大切である。直接、本人に対してアドバイスする場合もあれば、全体に対してアドバイスし、選手自身が該当しているかを考えさせる場合もある。また、気づいたことをその場で指摘すること

も、後でアドバイスすることも使い分けていくことが大切である。熱い気持ちの時に伝えることも冷静になってから伝えることもともに必要である。普段から接している選手の心理状態によってアドバイスを求めている時、必要な時、受け入れやすい時、受け入れにくい時、などを考慮していくことが大切である。

　選手たちの動機づけはさまざまで、すべての場面において（すべての選手）ポジティブシンキングできれば良いがそうもいかない。「簡単なことなので日頃の実力を出せば十分できる」と考え、ほとんどの選手が自信を持ってプレイに集中できる反面、「出せなかったらどうしよう」と考えてしまうタイプの選手もいるかもしれない。普段からネガティブとポジティブは常に存在していることを理解することが必要である。積極的に物事を観て、考え、行動することの方が良いことは誰もが知っていて、そうありたいと願っている。だからこそ、できないことに不安を感じてしまうことがある。

　3割打者が良いとされているスポーツなのだから、ネガティブな状態からポジティブな状態にできるだけ速く切り替えていくことも重要ではないだろうか。常にそうありたいと強く思えば思うほど逆の要素も強くなってしまう。

4）ゲームにおいて

　大きく分けると2つのことが考えられる。一つは相手チームとゲームをする環境の観察。もう一つは自らのチーム状況の把握である。

　監督は球場に到着すると色々なことを観察し、気を配る。訪れた球場の特徴（グラウンドの硬さ、ゴロの切れ方、フェンスまでの距離、背景など）や、気象（太陽の位置、風向き）など。

とくに事前に得ている情報の再確認と自身の感じ方とを考慮し、対応する必要がある。また、監督はこうしたハード面と同時に両チームの選手の動きからも情報を収集している。

ウォームアップ、ランニング、キャッチボール、ペパーゲーム（時としてバッティング練習）、シートノックなどは、そのチームによって日頃から意識して行っているポイントが実に良く現れている。技術的にどのポイントを重要視しているか、体力的に優れているか（スイングの強さ、投送球の強さ、脚力）また、取り組む姿勢や全体の持つ雰囲気なども大切な要素となってくる。

たとえば、ウォームアップでは、各選手の技術的要素よりも精神的要素（試合に挑む気持ち）に差が出る傾向が現れやすく、チーム全体の雰囲気を知るのに役立つ。キャッチボールやペパーゲームなどは、守備や打撃における最良の練習でありながら、形にこだわらなければ誰でもできる。簡単に思われることだからこそ、チームによってこだわっているポイントが明らかになるのである。個々の選手がこだわり、チーム全体がどこまで執着しているかを知ることができる。

ゲーム前のノックでは、各選手の送球、打球の処理、フォーメーションが実戦に近い状況で発揮されるので、主観的判断での評価と同時にストップウオッチなどを利用しながら必要な要素を計測しておくことが有効な判断材料となる。

リーダーは、日頃の練習やゲームの場面で、誰よりも選手のパフォーマンスを観ている。リーダー自身も選手と同様に経験しているのである。各場面での選択は、こういった積み重ねによる理由が存在しているからこそ、受け入れられているのである。投手のちょっとした仕種が調子を映し出すバロメーターであり、打者についても投手のタイプや場面によって力が発揮さ

れるかどうか変わってくる。選手のパフォーマンスには幅があり、さまざまな外的要因で変化する。各選手の傾向を知るため、練習中の場面設定を工夫することや練習以外にもちょっとした選手との会話の中にも気持ちが表れたり、野球以外の行動の中に見極めるポイントが存在していることも忘れてはならない。

5）知識と実行

　近年、さまざまな形で野球についての知識を得るチャンスが増えており、選手たちも理論的に競技力向上について考えていく傾向が強くなっている。そこで、練習において理論的な説明が必要となってくる場面が非常に多くなっている。もちろん、これは良い方向に進んでおり、行う練習には意味があり、理解できてこそ効果が現れる。ただ、得られた情報がある方向からだけであったり、判断力が発展途上の選手の場合もあるので与える情報には十分な配慮が必要である。すべての事柄について、理論的な裏付けがあるとは限らない。知識ばかりが一人歩きをして、実行が伴わないことがないよう注意すべきである。
　選手は、短時間に多くの成果があがることを願っている。しかし、多くの時間をかけて行う反復練習でなければ成果が得られないことも、また事実である。選手の成熟度や期間、体力的な面を考慮して行うのであれば選択肢の一つとなる。合理性には少々欠ける面はあったとしても必要な要素である。
　長年の指導によって得た経験に基づく指導法などは理論が後からついてくるものである。熱意を持って実行し、スタートの時点ではその良さが理解されなくとも、リーダーが必要と感じていることであれば、自信を持って継続すべきである。どちらの要素も大切である。

参考文献一覧
『スポーツ学のみかた』アエラムック　朝日新聞社
『球技運動学』Hデーブラー著　上平雅史他監訳　不昧堂出版

第8章　野球のコンディショニング

河野　徳良

1．コンディショニング

　コンディショニングの定義はとても広く、人により、または競技により、そのとらえ方が多少違う。本書では「目標とする試合において選手個人（またはチーム）の競技能力を最大限に発揮するために、身体的、精神的ともに計画的にコンディションを調整すること」ととらえることにする。
　野球のコンディションを調整する要素は、日々のウォームアップ・ダウンにはじまり、練習強度、休養、筋力トレーニング、フレキシビリティートレーニング（柔軟性トレーニング）、ランニングトレーニング、投球数、ビジュアルトレーニング、メンタルトレーニング、睡眠時間、食事（栄養）、そしてリハビリテーション、または治療など、数多くの要素が含まれる。
　ほとんどの指導者は、それらの要素を調整することの重要性を理解してはいるものの、問題は、現在どのようなコンディションでいるかを指導者、または選手自身が把握することが難しいということである。

1）Personal Conditioning Check表のすすめ

　すばらしい年間計画をつくり、実行しているつもりでも、選手が障害（オーバーユース）を起こしたり、トレーニングが選手にとって適切な負荷でなかった場合、期待するトレーニング効果（技術、体力など）は期待できない。
　そこで、日体大野球部ではそのような問題点を解決する一つの方法として、また、選手自身の自己管理能力を養成する目的も含めPersonal Conditioning Check表を作成し、選手は毎日記

入することにしている。これにより選手（チーム）の日々のコンディショニングの状態を把握することができる**（下図）**。

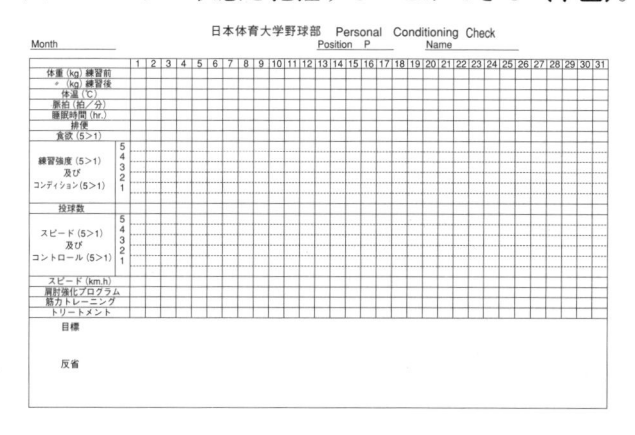

Personal Conditioning Check表は投手、野手の2種類がある。

項目は体重（練習前・後）、体温、脈拍、睡眠時間、食欲、排便、練習強度およびコンディショニング、筋力トレーニング、トリートメント、目標、反省、（以上、共通項目）投球数、スピードおよびコントロール、スピードkm/h、肩強化プログラム、（以上、投手のみ）バッティング（野手のみ）。

①体重
　練習、または試合の前後に計測。選手の健康状態を把握する。また、練習による体重の減少は、主に汗によるもので、水分補給の目安にもなる。練習時の水分補給は、少量を数回に分けてとるようにする。

②睡眠時間
　前日の睡眠時間を記入する。睡眠は疲労を回復させる。運動量が増えた場合には、十分な睡眠をとるよう心がける。

③食欲
　就寝前にその日の食欲を5段階で評価（3が基準）。オーバートレーニングの時などは食欲がなくなる。

④体温
　起床時に体温を計る。体調を知ることができる。

⑤脈拍
　起床時に15秒間脈をとり4倍する。睡眠時間が少なかったり、体調が良くない時に起床時脈拍は通常より高くなる傾向がある。

⑥排便
　就寝時にその日の排便の状態を記入する（4段階：0…なし、1…硬い、2…普通、3…軟らかい）。

⑦練習強度およびコンディション
　それぞれ5段階にて評価（3が基準）。これにより選手の主観的な練習強度、コンディションを評価。

⑧筋力トレーニング
　ウエイトトレーニングを行ったときに記入する。

⑨トリートメント
　医師、またはトレーナーによる治療を受けたときに記入する。

⑩目標

その月の選手自身の目標を記入する。
⑪**反省**
その月の目標に対しての反省を記入する。
⑫**投球数**
キャッチャーがブルペンで捕球した数を記入。投球数を記入することでピッチャーの肩に対する自己管理能力を養成する。
⑬**スピードおよびコントロール**
それぞれ5段階にて評価（3が基準）。ピッチャーおよびキャッチャーの主観的な評価であらわす。投球数、肩肘強化トレーニングと合わせてスピード、コントロールをみることで、各ピッチャーの肩のコンディショニングをどのように調整していけば良いのかを把握できる。
⑭**スピードkm/h**
スピードガンで計測があったときのみ、その最速なものを記入する。
⑮**肩肘強化プログラム**
肩肘強化トレーニングを行ったときに記入する。
⑯**バッティング**
5段階にてバッティングの調子（結果ではなくバッティングそのものの調子）を評価する（3が基準）。

2）Personal Conditioning Check表の利用法

指導者がPersonal Conditioning Check表をみることで、投手であれば、エースの肩の状態（スピード＆コントロール）を選手の主観的な判断をもとに把握することができ、野手であればバッティングの状態、また、スランプに陥っている選手がいた場合、各項目（例えば、睡眠時間、食欲、体重など）をチェッ

クすることで、何が原因なのかを見つけ出す一つの手がかりになる。

　選手自身も、例えば投手であれば、投球数とコントロール＆スピードの関係を知ることができ、自分自身で肩の管理ができるようになり、計画的にピッチングをする能力も養えるはずである。

　また、選手が記入したPersonal Conditioning Check表から、各項目のポイントの平均を求めることで、その日の練習強度が適切であったかどうか、投手の調整はうまくいっているのか、チームのバッティングの状態はどうなのか、などチームのコンディショニングの状態を把握することができる。

〈各項目のグラフ例〉

①練習前後の体重変化（チーム平均値）グラフ
　このグラフは練習前後で、どれだけ体重に変化があったかを表わしており、指導者は日々の体重変化を比較することで、練習強度を客観的に知る一つの手段として利用することができ、また練習時の水分補給の目安にもなる。

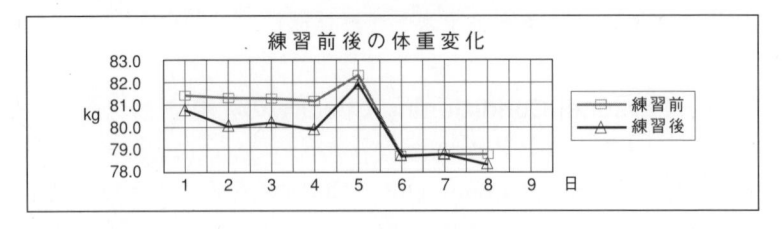

②睡眠時間（投手・野手別平均値）グラフ
　このグラフは、投手・野手別に睡眠時間の平均を表わしたもので、選手が睡眠を十分にとっているかを見ることができる。

このグラフでは、投手のほうが野手よりも睡眠をとっていることがわかる。

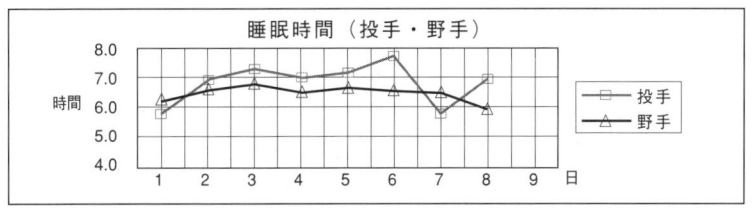

睡眠時間（投手・野手）

③練習強度およびコンディション（野手平均値）グラフ

　このグラフは、野手の練習強度とコンディションを表わしている。このグラフでは2、3、4日に練習強度が高く、それに伴ってコンディションも低くなっている。

　また、5日目以降、練習強度が低くなっており、徐々にコンディションが高くなっていることがわかる。この練習強度とコンディションの関係を利用して、年間の練習計画作成に役立てることができる。

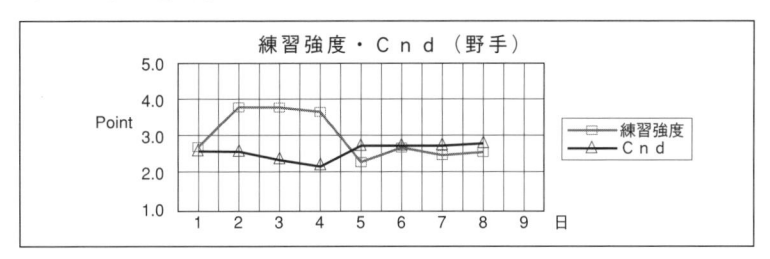

練習強度・Ｃｎｄ（野手）

④スピードおよびコントロールグラフ

　このグラフは、投手のスピードとコントロールの関係を表わしたものである。投手にとって一番大切なスピードとコントロールの関係は、いつも一定というわけではなく、また選手個々でも違いがある。このグラフを利用し、さらに練習時の投球数

をチェックすることで投手個々に肩の調整方法を知ることができる。

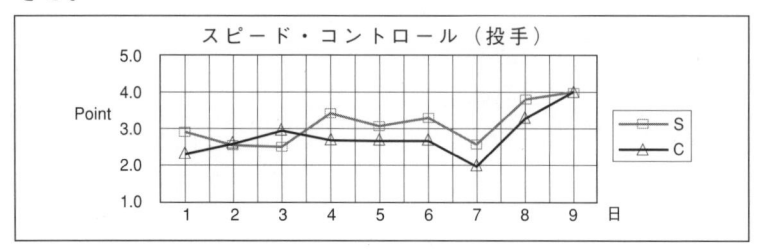

スピード・コントロール（投手）

⑤バッティンググラフ

このグラフは、野手のバッティングの調子をグラフにしたものである。このグラフを利用することでバッティングの調子を知ることができる。また、チーム平均をとった場合はチームのバッティングの調子を知ることができる。

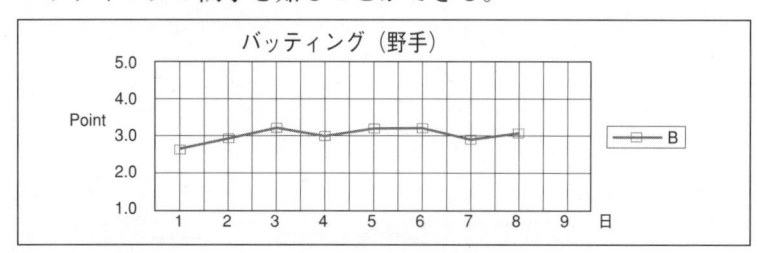

バッティング（野手）

参考文献
『トレーニング科学』ラグビー選手のコンディショニングに関する研究　小森田敏、河野一郎　1994年2月号
『コンディショニングの科学』トレーニング科学研究会編　朝倉書店
『トレーニングジャーナル』コンディションの管理・評価法　根本勇　1997年5月号
『心拍数を利用したコンディション管理』　和久貴洋　トレーニングジャーナル1994年10月号
『スポーツ障害予防のための最新トレーニング』福林徹、今井純子訳　文光堂

第9章
野球のトレーニングプログラム

河野　徳良

試合で期待通りのパフォーマンスを発揮するためには、思いつきの練習や、ただ一生懸命練習するだけでは、良い結果を得ることはできない。
　目標とする試合期までをいくつかの期に分けて、その時期に合わせたトレーニングプログラムを実行することが、ベストコンディションで試合に臨むための条件になる。

1．ペリオダイゼーション（期分け）

　トレーニングプログラムは、当日、決めるのではなく、年間を通して計画的に決めなければならない。通常、年単位での計画を立てる場合、準備期（プレ・シーズン）、試合期（イン・シーズン）、移行期（オフ・シーズン）の3つのシーズンに分けることができる。
　各周期ごとにウエイトトレーニングやランニングを具体的に示すことは困難なので、重さ、距離、本数の設定は各周期ごとに書かれていることを中心に行い、それぞれのチームで工夫してもらいたい。

1）準備期（プレ・シーズン）

　準備期は、試合期への準備期間で、さらに一般的準備期と専門的準備期に分けることができる。
　じっくり時間をかけ、試合期に基礎体力が落ちないようにトレーニングプログラムを作成する。

①一般的準備期
　一般的な基礎体力を養成する時期であるが、トレーニングを開

始して3〜4週間目に最もけがが起こりやすいので注意する。
(1)ウエイトトレーニング

　この時期は、土台（基礎筋力）をつくるために、軽い負荷（15回できる重さ）で実施する。

　体幹部を中心として1日に2〜3セット行い、からだを慣らしてから徐々に負荷を高め（8〜12回できる重さ）ていく。筋力アップが目標となるので、週3〜4回行う。

(2)ランニング

　一般的な持久力を高めることが目標で、ローパワーが中心になる。持久走の距離は3〜5km程度にとどめておく。また、インターバル走（200〜300m）なども行なう。

　　ローパワー：長距離走・ミドルパワー：中距離走・ハイパワー：短距離走

②専門的準備期

　練習試合やオープン戦が行われる時期で、技術練習と平行してトレーニングを行うことが重要である。

　一般的準備期でつくられた基礎体力を、より野球ができるように準備していく。

(1)ウエイトトレーニング

　この時期の目標は最大筋力を高めることと、その筋力を野球に生かすためにスピードを養成することである。

　負荷は6〜8回できる重さを1日2〜3セット、または20回できる重さを時間を決めて（8〜10秒程度）素早く挙げるトレーニングを日を変えて行う。トレーニングは週に2〜3回が目標。

　プライオメトリックス（ボックスジャンプ）や、メディシンボールを使ったトレーニングも合わせて行うことでパワーアップに役立てる。

(2)ランニング
　ランニングもローパワー（持久力）からミドル、ハイパワー養成に目標を転換していく。
　インターバル（90〜120m）、スプリント、シャトルランなどを取り入れる。

2）試合期（イン・シーズン）

　試合期では技術的な練習が中心となり、トレーニングを行うことが難しくなるので、練習のなかで工夫しながら（アップ時にメディシンボールを利用するなど）取り入れていくようにする。準備期で養った基礎体力をいかに維持するかが課題となる。

①ウエイトトレーニング
　この時期の目標は筋力、スピードの維持である。負荷は10〜12回できる重さを1日2〜3セット、または20〜25回できる重さを時間を決めて（8〜10秒程度）素早く挙げるトレーニングを日を変えて行う。トレーニングは週2回が目標。
　また、野球の動きに合わせるため、セット間でシャドーピッチングや素振りを行い、2人組でレジスティブ・エクササイズ（ウォームアップ：レジスティブエクササイズ参照）を行うことで、各選手のフォームに合わせたトレーニングができ、より実際の動きに近い状態でトレーニングができる。

②ランニング
　この時期のランニングの目標はハイパワーの維持である。より実践的に行なうため、ベースランニング（バッティング練習中にランナーとしてスタート練習など）、グローブをつけての

ランニング（外野手用）など工夫する。
　また、30m以内のダッシュ、シャトルランなども行なう。投手は試合で全力投球をくり返しているため、ランニングはインターバル（30～50m）が有効となる。
　そして、登板翌日は前日の疲労除去のため、LSD（Long Slow Distanse）と呼ばれるゆっくりと長い距離を走るようにする。

3）移行期（オフ・シーズン）

　長いシーズンが終わり、心身ともに疲れたからだをリフレッシュさせる時期で、普段行わないスポーツ（水泳など）をやり、野球では使わない筋肉を動かすことでバランスのとれたからだをつくる。
　また、けがをした選手はリハビリに専念する時期。体重増加に注意することが大切である。

2．成長期の選手のトレーニング

　成長期の子どものからだはたえず変化しており、同じ年齢の子どもでも個人差があるため、指導者は一人一人がどのような発育レベルかを把握することが重要で、決して子どもを大人のミニチュアと考えて大人と同じようなトレーニングを押しつけたりしてはならない。
　また、勝利にこだわるあまり練習量が多くなりオーバートレーニングからリトルリーグ肩・肘などを引き起こす可能性がある。このようなことは子どもが将来、大きく伸びる可能性を指導者がなくしてしまっているのである。

一般に野球選手は25～30歳ころが最も技術的にも体力的にも上手くなる時期だといわれている。これは野球が複雑なスポーツでさまざまな能力が必要とされるからである。
　そして、これらの能力は子どものころからの成長過程で段階をおって得られるもので指導者は、その子どもを長い目で野球選手としてより大きく伸びるように指導している期間、トレーニングを子どもの特徴にあわせて行わなければならない。

成長期の特徴
○5～11歳──脳、神経系の顕著な発達時期
○12～14歳──呼吸循環系の顕著な発達時期
○15～18歳──筋、骨格系の顕著な発達時期
　それぞれの成長過程にあわせて、11才以下では野球の基本動作である打つ、投げるといった動作を正しいフォームでできるように身につけさせ、また、さまざまなスポーツを行わせることでイメージどおりにからだを動かせるようにし、神経系の発達を促進させる。
　12～14歳では、呼吸循環系が発達するため、野球技術を習得するための反復練習を行うことができる。またトレーニングとしては、サーキットトレーニングや持久走（1000～3000m）など軽い負荷での持続的なトレーニングを行い、オフシーズンにはサッカー、バスケットなどを行うことでさまざまな能力を発達させる。
　15～18歳になると筋、骨格系が発達するため、負荷を高めることができる。からだの前後、左右、上下を総合的にバランスよくトレーニングすることが大切である。最初は自分の体重を利用した腕立て伏せ、腹筋、背筋などからはじめ、徐々に二人組でのスクワットやウエイトトレーニングへと発展させる。

3.ウォームアップ

　ウォームアップは、大きく分けて一般的ウォームアップ（歩行、軽いジョッグ、ストレッチ、ダッシュなど）と専門的ウォームアップ（野球の場合、キャッチボール、ペパーなど）に分けることができる。
　その目的は、体温を上昇させ、筋肉、血管、神経に生理的な変化を与え、身体的に、そして精神的にも運動のできる準備をし、障害、外傷の発生を最小限に防ぐことで最高のパフォーマンスを引き出すことにある。

①ウォームアップの時間

　ウォームアップに必要な時間は、個人差（年齢、タイプ、体調、故障の有無など）や条件（天候、気温、時刻、試合前、練習前など）により異なるため一概には言えないが、一つの目安として、選手がうっすらと発汗する程度（およそ20〜40分）とする。

(1)年齢
　一般的に選手の年齢が高くなればなるほど、ウォームアップは時間をかけてていねいに行う。

(2)タイプ
　試合、または練習の最初にパフォーマンスをなかなか発揮できない、いわゆる「スロースターター」タイプの選手は、時間をかけた積極的なウォームアップが効果がある。
　反対に試合、または練習の最初からパフォーマンスを発揮できる「ファーストスターター」タイプの選手は短めのウォーム

アップが効果的である。
(3)体調
　当日の選手個人の体調に合わせて行なうようにする。
(4)故障の有無
　傷害を持っている選手は、その部位に負担のかからないように行なう。
(5)天候
　雨天時には、直接雨があたらないようブレーカーを着用し、雨によって急激に体温が下がることを防ぐ。
(6)気温
　気温が低い時には、より時間をかけて行う。
(7)時刻
　人間の体温が運動をするのに最適になるのは午後3時ころ、したがって早朝練習では、ウォームアップに時間をかける必要がある。
(8)試合前
　試合前のウォームアップは、試合で最高のパフォーマンスを発揮するために、より調整的に行なう必要がある。
(9)練習前
　練習前のウォームアップは、その時期によりトレーニング的な要素を取り入れることができ、とくに冬期練習ではサーキット形式で時間も長く行なうことができる。

②全体アップ vs 個人アップ

　基本的には選手の体調や故障の有無など、選手個人によって違いがあるので、各自が自分に合った方法でアップを行なうこ

とが理想だが、どのように行えば良いかが分からない場合も多く、選手自身がウォームアップに対してしっかり理解しているチームでないと十分な効果を得ることが難しくなる。

また、野球というチームスポーツの特性を考えるとチームとしての一体感を養う上では全体アップも必要となってくる。そこで、社会人チームの多くは、途中まで個人でアップを行い、時間を決めて集合し、最後に全員で反応系のダッシュを行っている。チームの一体感をつくるため、最初からチーム全体で行い、その中で数分間、個人の時間をつくり、その間に各自不足しているストレッチやトレーニング（腹筋、背筋など）などを行なう方法もある。

③ウォームアップの流れ

ウォームアップの流れはおおまかに、歩行、ジョッグなどのゆっくりとした動きから始め、ストレッチ、ランニング、ダッシュとスピードやテンポを上げていく。その後、キャッチボール、トスバッティングなどとなるが、実際の動きに合わせた動きをプログラムの中に取り入れることが大切である。

抵抗運動などでバッティング、または投球（送球）フォームに近い形で抵抗運動（レジスティブエクササイズ）を行なうことでキャッチボール、トスバッティングをスムースに行なうことができる。

(1)手首、足首、腰、膝などの関節運動
(2)ウォーキング、またはジョッグ

サイドステップ、キャリオカ、SE・ROMエクササイズ（肩肘可動域エクササイズ）などを間に取り入れる。

SE・ROMエクササイズ

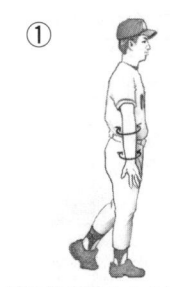

① 手の平が動くように腕全体を回旋する

② 腕をあげ両肩のラインよりもやや前方の位置で腕全体を回旋する

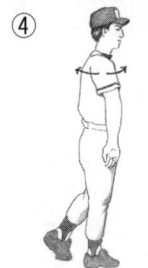

③ 肩を上下に動かす

④ 肩を前後に動かす

⑤ 肩を前後に動かしながら腕全体を回旋する（①+④の動き）

⑥ ②の状態で肘を90°曲げ、上腕の回旋と前腕の回旋を同時におこなう。

⑦ 手首を回旋する

⑧ 肘を中心にまわす

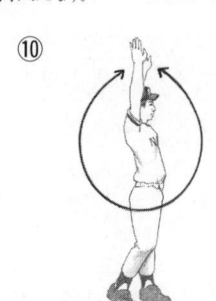

⑨ 肩を中心にまわす

⑩ 肘を伸ばして大きく肩をまわす

第9章 野球のトレーニングプログラム

(3)ストレッチ
座位でのストレッチ

① ②

③  ④

⑤ ⑥

体のやわらかい人はつま先をもつ

⑦ 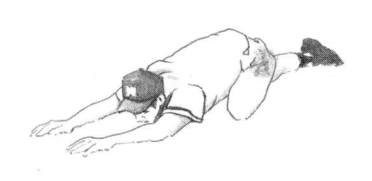 ⑧

⑪ 後ろ足のつま先をもつことで、より大腿部前側を伸ばすことができる

⑫ 後つま先を左右に動かすことで大腿部後ろ側の違った筋肉を伸ばすことができる

⑯ 手の平を地面につける

⑰ 手の甲を地面につける

立位でのストレッチ

① ② ③ ④

大きく回旋する

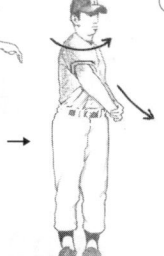

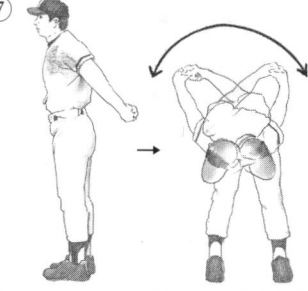

⑤ ⑥ ⑦

腕を斜め方向に引き、上体で回旋させることで肩の違った筋肉を伸ばすことができる

⑦の状態から上体を前後させ左右にふる

⑧

両腕を伸ばし腕全体を回旋する
左右の肩甲骨を開く

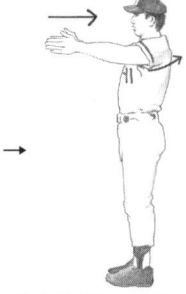

腕を伸ばした状態で左右の肩甲骨を引き寄せる（数回くり返す）

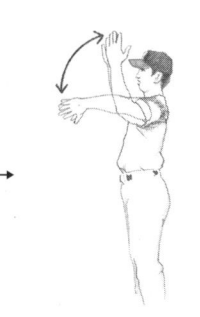

肘を90°曲げ、上腕の回旋と前腕の回旋を同時におこなう（数回くり返す）

⑨ 肘を伸ばし手首を上方にあげ片方の手で指先をつかむ

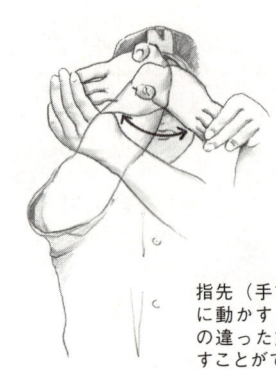

指先（手首）を左右に動かすことで前腕の違った筋肉を伸ばすことができる

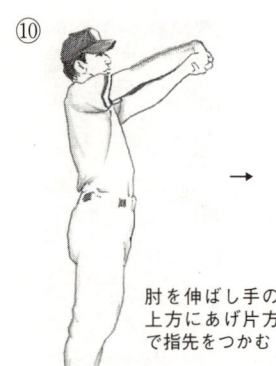

⑩ 肘を伸ばし手の甲を上方にあげ片方の手で指先をつかむ

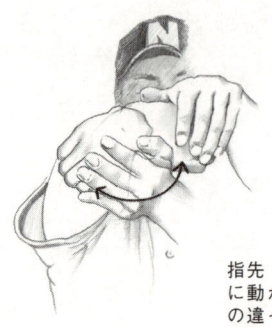

指先（手首）を左右に動かすことで前腕の違った筋肉を伸ばすことができる

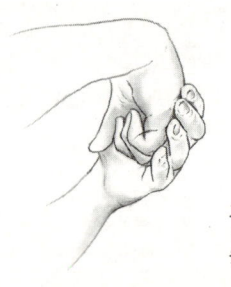

ストレッチする腕の指先を軽く曲げることでよりストレッチすることができる

第9章 野球のトレーニングプログラム

⑪ 上体を左右にひねる　大きく回旋する

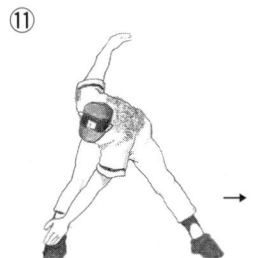

⑫ 左右に足を開きしっかり肩を入れる

⑬ つま先をつかむことでよりストレッチできる

足を後方に引くことでよりストレッチできる

気温の低い日はグラウンドに座ると体温が下がりやすくなるので、立って行なうようにする。

(4)ランニングドリル（20〜30m）

　イ)ジグザグ、バックラン、スキップ、回転ラン

　ロ)ストレート・レッグ・ニー、ヒール・レイズ、ヒール・アップ、ハイ・ニー、リズミック・ハイ・ニーなどの走の基本

　ハ)サイド・ステップ、斜めサイド・ステップ

　ニ)バウンディング、スケーティング（斜めバウンディング）、クロス・バウンディング

　イ)〜ニ)の中から5、6種目選んで行なう。

(5)ダッシュ（15〜20m）

　イ) 変形

仰向け（前・後）、うつ伏せ（前・後）、腕立て（前・後）、正座（前・後）、長座（前・後）、倒れ込み、ピッチング・フォーム、バッティング・フォーム、捕球動作、バント処理、手足タッチ、小刻み、ジャンプ、などからダッシュ

　ロ) 変則

○ヒール・レイズ、ヒール・アップ、ハイ・ニー、リズミック・ハイ・ニー、などで前進させその後ダッシュ。

○最初は腕組（頭上、胸、背中）の状態でダッシュをさせ、その後、腕もつけてダッシュ。最初はうまく前に進むことができないが、腰の使い方と足の回転を徐々に学習できるようになり、またダッシュ時に腕を使うことで、腕を使うことが強調され、腕の使い方もうまくなる。

○シャトル・ラン、シャトル・ラン＋捕球動作

○サイド・ステップからのダッシュ

ハ) 反応
○笛、または手の合図などによるもの
　選手は小刻みの状態から、指導者の手が動いた方向に腰きりや、ジャンプなど反応する。
○選手はスタートラインからサイドステップ（3歩）をしてストップする。その後、指導者の手の合図よりダッシュまたはスタートラインに戻る。
○指導者の笛にあわせてルールを決めておき反応する。

(6) レジスティブ・エクササイズ
　バッティング、投球、それぞれに実際のフォームに近い形でパートナーが抵抗を与える。

バッティングフォーム

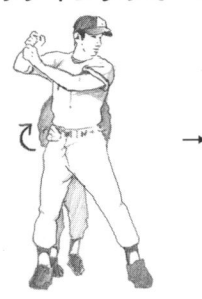

腰の回旋を意識する

投球フォーム

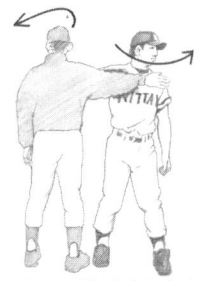

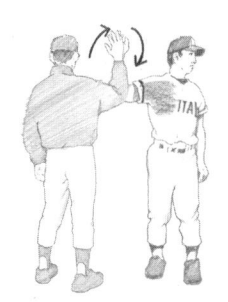

お互いに反対方向を向く　　　お互い内外旋に抵抗をあたえる

腰の回旋を意識する

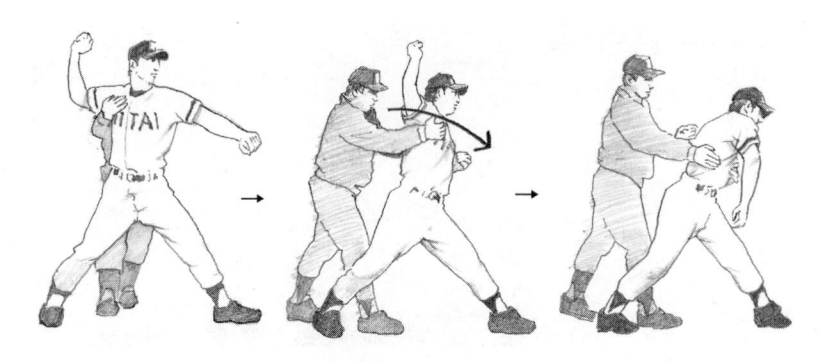

上体の回旋を意識する

(7)キャッチボール、トスバッティング

　試合によっては、野球場を使ってウォーミングアップができない場合があり、当日になってあわてることがないよう、日ごろから、オープン戦などでは試合を想定して野球場の外でウォーミングアップを行うことも必要になってくる。

4. ウォームダウン

①ウォームダウン

　ウォームアップに比べ時間的な問題などから軽視されがちなのがウォームダウンである。ウォームダウンは、ジョッグで練習や試合で蓄積された疲労物質を除去することと、ストレッチで筋・腱を伸ばしの柔軟性を取り戻すことにより、翌日に疲労を残さないようにし、障害を予防することが目的である。

②ウォームダウンの時間

　練習または試合終了後、基本的には各自のペースで行うことが望ましく、時間はウォームアップと同様、個人差があり、またその日の練習内容、天候、気温によって変えなければならないが、通常15～20分間ほどである。

③ウォームダウンの流れ

　ウォームダウンは、歩行、またはジョッグに始まりストレッチ、そして投手、または傷害のある選手はアイシングを行う。投手はその後、スローワーズ・テン・エクササイズを行うことで肩・肘のバランスを整えた状態で終了する。
(1)ウォーキング、またはジョッグ（各自のペースで行なう）
(2)ストレッチ（パートナーストレッチ）
(3)アイシング（投手や傷害のある選手はアイシングを行う）
(4)スローワーズ・テン・エクササイズ（投手、または肩・肘に障害のある選手は、このエクササイズを行うことで肩・肘のバランスを整える）

パートナーストレッチ

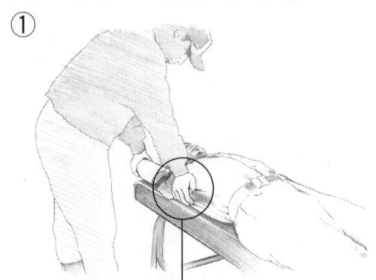

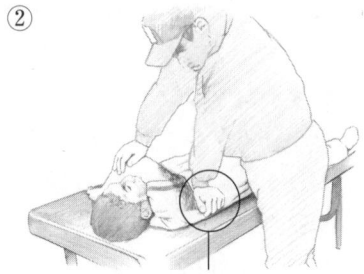

① 肩甲骨を押さえる

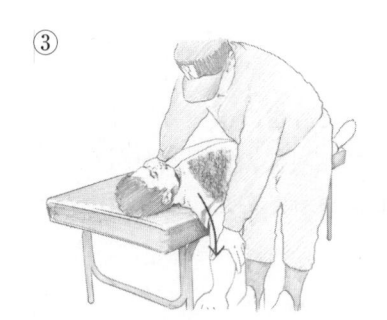

② 肩甲骨を押さえる

③

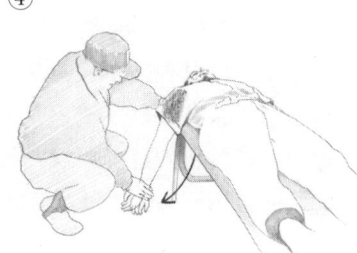

④ 手の向きを変えることで違う筋肉をストレッチできる

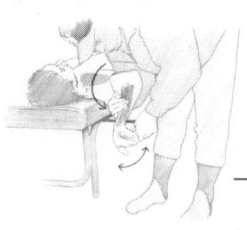

⑤ 肩の外旋はあまり強くおこなわないこと

⑥ 肘に障害のある選手には上腕をもってストレッチすることで肘への負担が少なくなる

第9章 野球のトレーニングプログラム

⑦

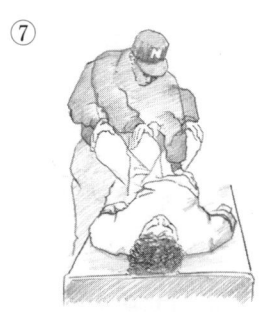

膝の方向を変えることで違う筋肉をストレッチできる

⑧

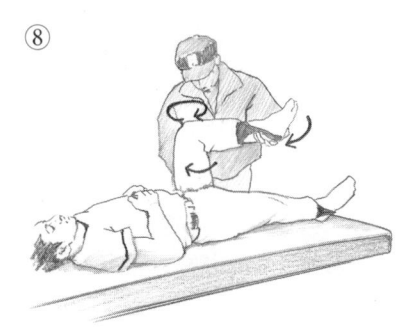

大腿部の外旋 　　　　　　　　大腿部の内旋

⑨

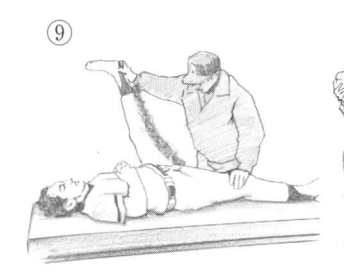

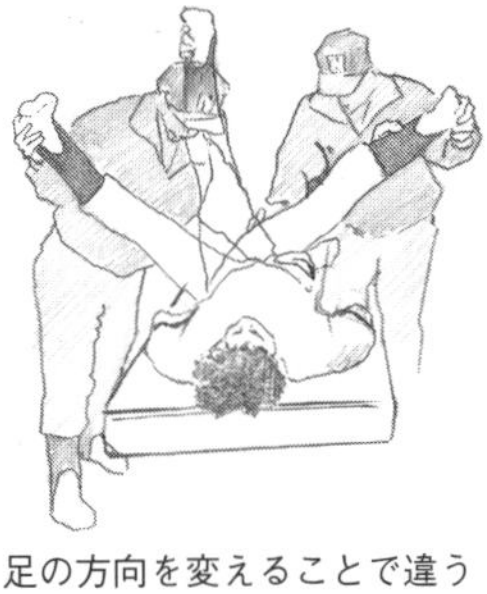

足の方向を変えることで違う筋肉をストレッチできる

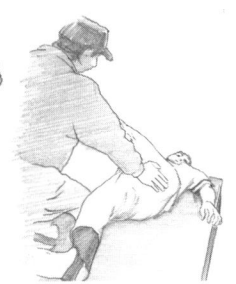

手をこの位置に置くことで骨盤が固定されるのでよりストレッチすることができる

⑩

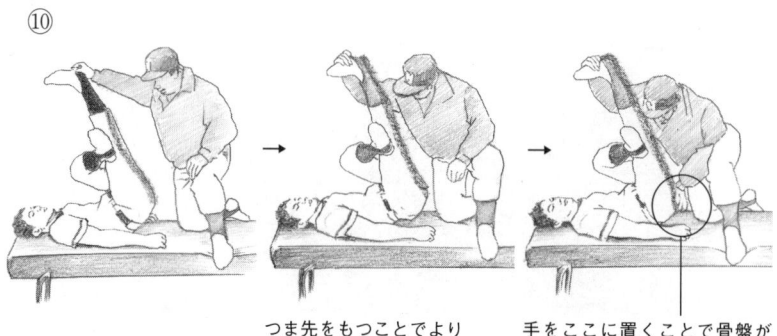

つま先をもつことでよりストレッチができる

手をここに置くことで骨盤が固定されるためさらにストレッチすることができる

⑪

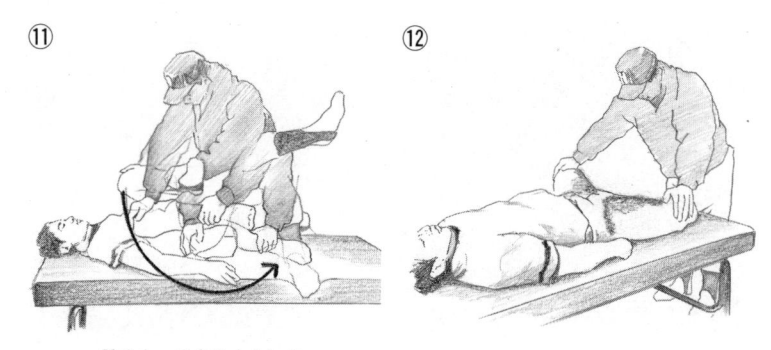

膝をもって大きくまわす

⑫

⑬

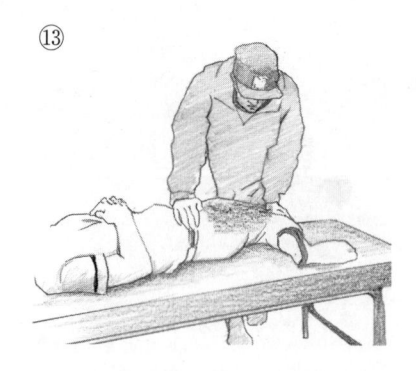

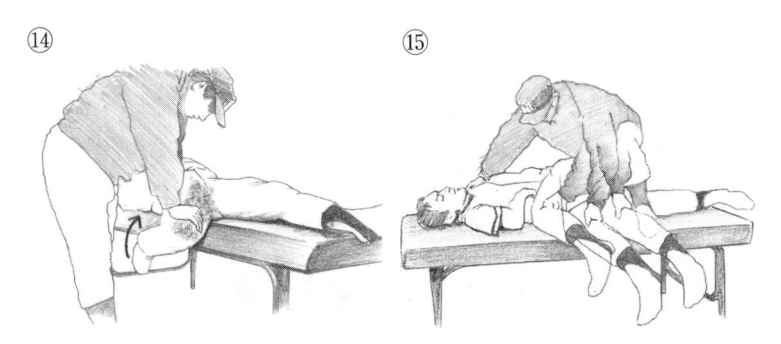

第9章 野球のトレーニングプログラム

⑭

⑮

角度を変えることで違う筋肉のストレッチができる

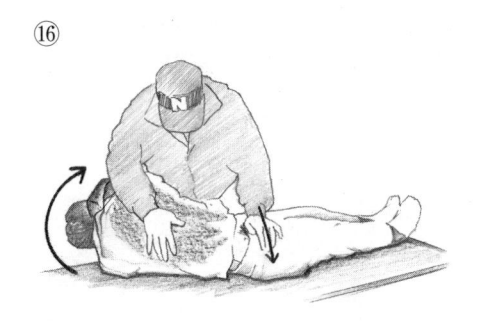

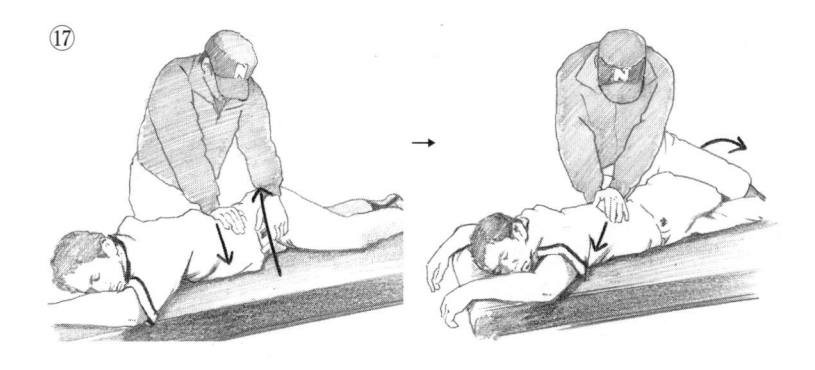

⑯

⑰

スローワーズ・テン・エクササイズ

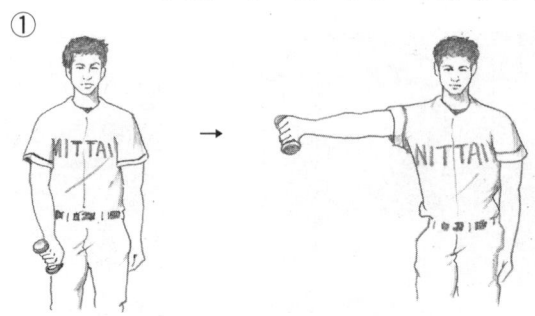

① 斜め前方の位置から上方にあげる
小指からあげるように

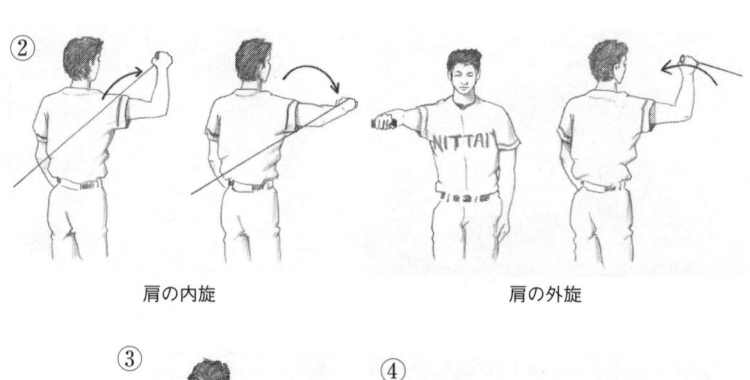

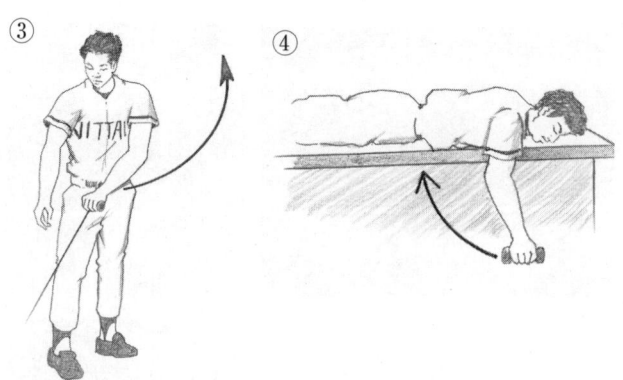

② 肩の内旋　　　　　肩の外旋

③

④

第9章 野球のトレーニングプログラム

⑤ 
左右の肩甲骨を引き寄せる

⑥ 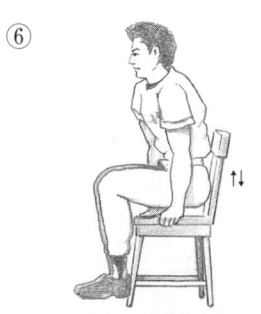
おしりが浮くように

⑦ 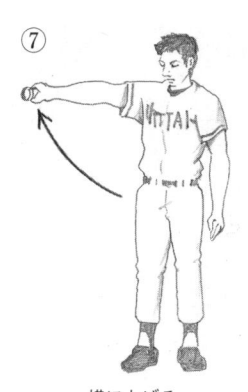
横に上げる

⑧

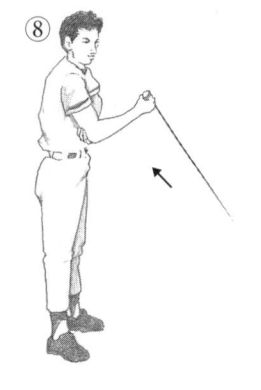

⑨

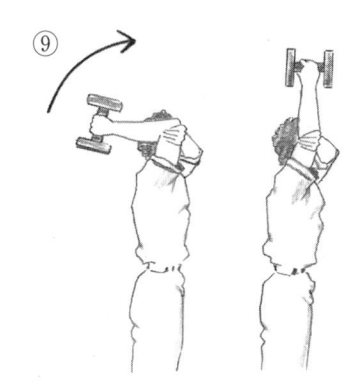

⑩

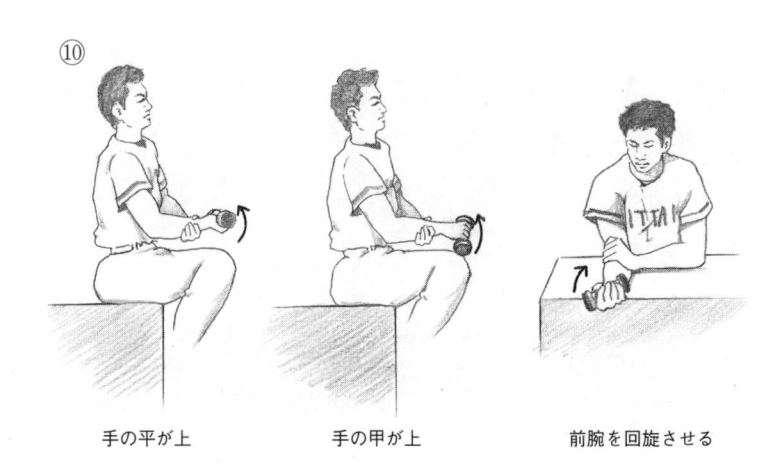

手の平が上　　　　　手の甲が上　　　　　前腕を回旋させる

参考文献
『コンディショニングの科学』トレーニング科学研究会編　朝倉書店
『スポーツ医学から見た年齢別・性別スポーツ指導』武藤芳照ほか編　文光堂
『コンディショニングオブベースボール』山脇啓司　ベースボール・マガジン社
『Principles of athletic training(9th)』Arnheim DD, Prentice WE, McGraw-Hill
『The athlete's shoulder』Churchill Livingstone, Andrew, JR, Wilk KE

第10章　ビジュアルトレーニング

河野　徳良

1．ビジュアルトレーニング

　私たちの生活のなかで、眼は実に80％以上の情報収集の役割を果たしている。野球においても例外ではなく、プレイするための情報はそのほとんどが眼によるものである。
　現場の監督、コーチは「ボールから目を離すな」、「ランナーの動きを良く見ろ」、「あのバッターは選球眼が良い」と言ったり、ピッチャーの一連の動作のなかから違いを見つけ（投球フォームのくせ）球種を探り出そうとする。これらからもわかるように眼がいかに野球をするうえで重要かは、経験的にも理解されていた。
　実際、最近の研究ではトッププレイヤーほど視る力が優れているとされている。そして、スポーツで必要な視る能力のことをスポーツビジョンといい、スポーツビジョンの各項目をトレーニングし、競技のパフォーマンスを向上させることをビジュアルトレーニングと呼んでいる。スポーツで必要な視る能力の多くは後天的に得られる能力で、トレーニングにより向上させることができる。

2．スポーツビジョンの種類

　スポーツビジョンには、主に次のようなものがある。

①静止視力
　一般に視力と呼ばれ、止まっているものを見極める能力。各種スポーツビジョンの基礎となる能力で、静止視力が低いほどパフォーマンスの低下があるとされている。とくに野球は、視

力が0.5以下ではバッティングに影響がでてくる。ビジュアルトレーニングはまず、コンタクトレンズや眼鏡による静止視力の矯正からはじめるようにする。

②**動体視力**（Kinetic Visual Acuity／Dynamic Visual Acuity）
(1)KVA
　直線的に近づいてくるものを見極める視力で、バッターボックスで打者が投球を見る、または野手が向かってくる打球を見る能力。
(2)DVA
　眼の前を横切るものを見極める視力。

③**眼球運動（追従運動/跳躍運動）**
(1)追従運動
　顔を動かさずに、眼の動きだけでものを追跡する。打者が投球の球筋を見る時など、この動きが良い選手は頭を動かさずに球を見ることができるためブレが少なくなる。バッティング能力と密接に関係がある。
(2)跳躍運動
　複数の目標物に視線を飛ばしていく動き。キャッチャーがランナーの動きを見る時など。

④**焦点調節／輻輳開放能力**
　距離の異なる目標を交互に見る時、すばやく眼のピントを合わせる能力。ゴロやフライを捕る時に働く。

⑤**深視力**
　目標との距離を的確に判断する能力。打者が的確にボールを

とらえるときに必要で、また、野手の正確なスローイングをする時に欠かせない能力。

⑥瞬間視
　瞬間的に多くのものを見極める能力。ピッチャーの投球動作のくせを見つけたり、外野手が返球時にランナーの動きを見るときなど。

⑦眼と手足の協調性
　眼から入った情報を手、または足で素早く反応する能力。ほとんどのスポーツでこの能力を必要とされている。

⑧周辺視力
　眼の端に映るものを見る能力。ピッチャーが牽制球を投げる時など、この能力が優れていると最小限の動きでランナーを牽制することができる。また、打者がキャッチャーの捕球位置を盗み見するときなどもこの能力が使われる。

⑨視覚化能力
　頭の中でプレイ、パフォーマンスを思い描く能力で、あらゆるスポーツで必要となる。ピッチャーが理想の投球フォームなどをイメージするときなどに使い、パフォーマンスの優れている選手ほど視覚化能力が優れている。

⑩視覚集中力
　見る能力のすべてを最大限に発揮するための能力。バッターが野次など気にせずに眼からの情報だけに集中する時に働く能力である。

3．野球に必要なビジュアルトレーニング

　スポーツビジョンは数多くあるが、野球に必要で、トレーニング効果の期待できるものを紹介する。

①動体視力のトレーニング（KVA & DVA）
(1)グラウンド
　現・ダイエーホークスの王貞治監督が現役時代に行っていたトレーニングのひとつ。ブルペンに行き、ピッチャーの投球をリリースからミットに入るまでじっくり見る。また、バッティング練習時に最初の2〜3球はバットを振らず、見ることだけに集中することを習慣付ける。毎日、少しだがトレーニングできる(KVA)。
(2)日常生活
　電車の先頭車両、または車に乗った時など、前から近づいてくるもの（看板、標識、対向車のナンバーなど）を読み取る練習（KVA）。駅から通過する電車の乗客の様子を見たり、車体に書かれている文字を読み取ったり、電車の中から通過する駅の看板などを読み取る練習（DVA）。

②眼球運動のトレーニング（追従運動＆跳躍運動）
(1)グラウンド
　ブルペンでピッチャーの投球を横から見て、頭を動かさずに眼だけで球筋を追う練習（追従運動）。
(2)日常生活
　電車の中から目標を決め、眼だけで追う。または本の速読で

意味を捉えながら眼の動きだけで読むことなどでトレーニングできる（追従運動）。さらに、車を運転している時は、複数の目標物に視線を飛ばしているため自然にトレーニングできる(跳躍運動)。

③焦点調整／輻輳開放のトレーニング
(1)グラウンド
　フライを数多く捕球することで自然にトレーニングできる。
(2)日常生活
　距離の異なる複数の目標を決め、素早く焦点を合わせるトレーニング。

④深視力のトレーニング
(1)グラウンド
　いつも同じ距離でキャッチボールを行わず、距離を変化させることで距離感や位置関係を正しく判断できるようになる。
(2)日常生活
　両手で鉛筆を立てて持ち、顔の前で肘を伸ばす。その後、どちらか片方の肘を曲げ、顔から鉛筆までの距離が同じになるように、もう一方の手で距離を合わせるように近づけるトレーニング。

⑤瞬間視のトレーニング
(1)グラウンド
　ブルペンでピッチャーのフォームを観察したり、ビデオを使いながら瞬間的なくせを見つける練習。また、ウォームアップ時、手による合図でダッシュをしたり反応系の練習をすることでトレーニングになる。

(2)日常生活
　テレビの場面を次々に変えていき、瞬間的に見る練習。また、本を瞬間的に開いたり閉じたりして、その内容を見ることでもトレーニングできる。

⑥周辺視力のトレーニング
(1)グラウンド
　牽制の練習時にできるだけランナーを見ないように（実際は見ている）することで、周辺視力のトレーニングに役立つ。
(2)日常生活
　ゲームセンターの"モグラたたきゲーム"が格好のトレーニングになる。

⑦視覚化のトレーニング
(1)グラウンド
　投球練習時に対戦相手の打者を具体的にイメージして投げる。
(2)日常生活
　ピッチャーは理想のフォームをイメージし、球種ごとにその理想とする球筋、またはコースをイメージする。バッターも球種、コースごとに理想とするフォームをイメージする。

4．トレーニング効果とその判断

　ウエイトトレーニングなどと違い、ビジュアルトレーニングの効果は、他人が外見から判断することが難しく、本人の実感によるところが大きい。そのため、判断基準として選手は次のような表現になることがある。

①ピッチャーのフォームのくせがよくわかるようになった
②ピッチャーの球が以前より遅く感じるようになった
③ストライク/ボールが良く見えるようになった
④走塁しながらもボールの行方がよくわかるようになった
⑤ランナーの動きが良くわかるようになった
⑥牽制が以前よりうまくなった
⑦フライがうまく捕れるようになった
⑧スローイングが正確になった
⑨状況判断がよくなった

　トレーニング効果があらわれるには他のトレーニング同様、時間がかかる。また、長時間のトレーニングは逆効果だといわれている。1日15～20分のトレーニングを最低でも2～3ヶ月継続して、その効果を判断したい。

参考文献
『ボールが止まって見える！スポーツビジョン・レベルアップ講座』石垣尚男　スキージャーナル
『スポーツビジョン・トレーニング』真下一策、石垣尚男、遠藤文夫　ナツメ社
『眼で考えるスポーツ』内藤貴雄　ベースボール・マガジン社

第11章
野球による外傷／障害予防と応急処置

河野　徳良

現場の指導者にとって最も頭を悩ませる問題は、選手のけがであろう。とくに主力選手の場合、チームとしての作戦も立てられなくなる。計画通り練習やトレーニングを行い、選手の健康管理をすることで、ある程度、スポーツ障害（オーバーユース）を未然に防ぐことができるが、残念ながら練習や試合での突発的な外傷（1回の外力による、骨折、捻挫など）を完全に防ぐことはできない。
　指導者として選手がけがなくプレイでき、また万が一、受傷した場合に少しでも早く復帰できるようにするためには、野球に起こりやすい外傷・障害を知るとともに、その予防と応急処置を知っておく必要がある。

1. 野球による外傷、障害

　野球の動きは投攻走守と多彩で、高度な技術を必要とするため、野球における外傷・障害は多岐にわたり、また、それぞれの年齢やレベルにあわせて検討しなければならない。
　ここでは野球動作を投球、打撃、走塁、守備に分類し、それぞれの動きに対して、起こりやすい外傷・障害について述べることにする。

1）投球

　投手の特徴的なけがは外傷ではなく、繰り返し行う投球動作が原因となる障害が多くなっている。そこで、投球時に起こりやすい障害を知るとともに、その発生を予防するために一連の投球動作を理解することが大切である。ここでは、投球動作を各フェースに分け、そのフェースごとに起こりやすい障害を説

明する。投球動作は、一般に4～5のフェースに分けることができる。それぞれ、ワインドアップ期、コッキング期（アーリーコッキング期、レイトコッキング期）、アクセレーション（加速）期、フォロースルー期と呼ばれているが、各フェースによって応力の集中部位が異なるため、発生しやすい傷害にも特徴がある。

① ② ③ ④ ⑤

①ワインドアップ期

　投球動作を始めて脚を高く上げることで重心を高くし、位置エネルギーを蓄える。ボールを投げるための準備期。

②アーリーコッキング期

　ワインドアップ期が終了し、前方へと体重移動し、脚が地面に着くまでの期間。

　【主な傷害】
(1)大腿内転筋肉離れ（軸足）
　軸足の内転筋が体重移動時に引き伸ばされることによって起こる。選手は大腿を内側に引き寄せると痛みを感じる。

③レイトコッキング期

　アーリーコッキング期が終了し、投球側肩が最大に外旋するまでの期間。

【主な傷害】
(1)肩関節前方（亜）脱臼
　肩関節の前方にストレスが加わり、上腕骨頭がずれるために起こる。選手は肩に痛みや違和感を感じる。
(2)肩甲上神経損傷
　アクセレーション期にかけて神経にストレスがかかることによって起こる。選手は肩の痛み、疲労感、脱力感を訴える。また、肩の後側の筋肉（棘上筋、棘下筋）の萎縮がみられる。
(3)胸郭出口症候群
　なで肩の選手が極端なオーバースローで投球することで、肩から先の血行障害になりやすい。
(4)腰椎分離症
　発育期（10代）の投手に起こりやすく、腰の後方にある椎弓の疲労骨折によって起こる。選手は上体を反らしたり、捻ったりする運動が続くと腰痛を感じる。
(5)筋・筋膜性腰痛
　投球により、繰り返し腰へのストレスがかかることで起こる。レントゲンなどでは骨に異常は見られない。
　選手は練習量が多くなった時など疲労時に腰に痛み、圧痛、背筋緊張を感じる。

④アクセレーション期
　レイトコッキング期が終了し、ボールリリースするまでの期間。
【主な傷害】
(1)上腕二頭筋長頭筋腱炎
　からだの回旋および上腕が外旋から内旋する際にストレスが生じることによって起こる。選手は肩の十分な外旋ができないなどと訴える。

(2)肩関節上方関節唇損傷
　投球によるストレスで関節唇が割れたり、はがれたりする。
(3)肩回旋筋腱板炎
　選手はアクセレーション期で肩の深部に痛みを感じる。
(4)リトルリーグ肩
　投球動作の繰り返しにより、発育期に成長する骨軟骨が疲労骨折することで起こる。選手は投球時、または投球後に痛みやだるさを感じる。
(5)野球肘（外側）。離断性骨軟骨炎
　アクセレーション期に肘が外反ストレスを受け、骨や軟骨がすれあうことによって起こる。ひどくなると、いわゆる"関節ねずみ"になる可能性もあるので注意が必要。選手は投球時、または投球後に肘外側部（母指側）から、後外側部の痛みを感じる。肘の伸展制限を訴える。
(6)野球肘（内側）。内側側副靭帯損傷
　アクセレーション期に肘が外反ストレスを受けるが、この繰り返しにより内側の靭帯が引っ張られ、ゆるみ、断裂が起こる。選手は投球時、または投球後に肘内側部（小指側）に痛みを感じる。
(7)尺骨神経傷害
　投球により肘の尺骨神経にストレスがかかることによって起こる。選手はボールリリースの付近で痛みを感じたり、小指側にしびれを訴える。

⑤フォロースルー期
　ボールがリリースされてから投球動作が終わるまでの期間。
　【主な傷害】
(1)棘下筋損傷

肩が亜脱臼しないように肩の後ろの筋肉が強く収縮することで起こる。選手は初期、フォロースルー期に肩後部痛を訴える。

(2)ベネット病変（骨棘形成）

投球時に腕の後側の筋肉（上腕三頭筋）が強く引っ張られることにより、骨棘が形成される。選手はフォロースルー期の最後に違和感、三角筋の痛み（放散痛）を感じる。

(3)上腕三頭筋損傷

投球時に三角筋が強く引っ張られることで起こる。選手はフォロースルー期で腕の後ろ側に痛みを感じる。

(4)肋骨疲労骨折（利き腕側）

アンダースローの投手に起こりやすい。選手は深呼吸をしたり、くしゃみをしても肋骨に痛みを感じる場合がある。

(5)肘頭疲労骨折

投球により肘が伸展することが繰り返されるために起こる。選手は肘が伸びないと訴えたり、肘の後ろ（肘頭）に痛みを感じる。

投球フォームの違いによる注意点

投球フォームはオーバー、スリークウォーター、サイド、アンダースローなどさまざまなフォームに分けることができるが、サイドスローやアンダースローの投手は肘の内側に負担が大きくかかる。

また、アンダースローの投手は、投げる側の肋骨疲労骨折が起きる場合があるので注意が必要。

球種の違いによる注意点

　肩・肘関節にかかる負担は、球種によっても異なっている。ストレートよりも、カーブ、スライダーを投げた場合のほうが、肩・肘にかかる負担が大きく、また、フォークボールを多投する投手は、より肘に負担がかかる。したがって、変化球主体の投手、または新たに変化球を習得しようとしている投手には、投球数が増えないように細心の注意が必要である。

2）打撃

　バッティング時には、いわゆる打ち損ねた時（つまり、空振り、ファールチップなど）に傷害の発生が多くなっている。その他、バッティング時にもっとも危険な傷害は、デッドボールである。とくに、頭部、顔面への場合は、すぐに病院に連絡する。ここで大切なことは、選手を安静にし、救急車がくるまでむやみに動かさないこと。また、頭部の場合、その場は問題なくても数時間後に症状が出る場合があるため、注意が必要。
　バッティング動作をインパクトとフォロースルー期に分け、それぞれに代表する傷害を述べていく。

①インパクト期
【主な傷害】
(1)有鈎骨骨折
　インパクト時に手首にある有鈎骨にストレスが集中することで起こる。選手は手首を動かすことができないか、または動かすと強い痛みを感じる。
(2)打撲（自打球による）

②フォロースルー期
　【主な傷害】
(1)腰椎分離症
　投手のレイトコッキング期の主な傷害、腰椎分離症と同じ
(2)筋・筋膜性腰痛
　投手のレイトコッキング期の主な傷害、筋・筋膜性腰痛と同じ

3）走塁

　ベースランニングをスタートとスライディングの2つに分ける。
　さらに、スライディングをフィートファーストスライディングとヘッドスライディングに区別し、それぞれに起こりやすい傷害を述べていく。

①スタート時
　【主な障害】
(1)下腿部肉離れ、大腿部肉離れ
　肉離れは、ひどい場合には内出血がみられる。選手は、患部の筋肉を動かすと痛みを感じる。
(2)アキレス腱断裂
　下腿部が疲労していたり、寒い日にウォームアップが十分でなかったときなどに起こりやすい。選手は断裂時には、後ろから蹴られたような感じがする。
　症状としては、足首を動かすことができない。足首を伸ばした状態で固定し、病院へ連れて行く。

②スライディング時
(フィートファースト)
【主な傷害】
(1)足関節靭帯損傷（内側、外側）
　いわゆる捻挫である。腫れがあり、ひどい場合は内出血がみられる。
(2)足関節踝部骨折、足根部骨折、中足骨骨折、距骨骨折
　骨折の場合、変形、異常可動域、限局性疼痛（患部に近いところを触ると骨折部に一致して強い圧痛を感じる）、機能障害（動かすことができない）などの症状が現れる。
(3)膝関節靭帯損傷（前・後十字、内・外側靭帯）
　腫れがあり、ひどい場合は内出血、膝の安定性がなくなる。

(ヘッドスライディング)
【主な傷害】
(1)頸椎損傷
　ひどい場合には意識がなく、人工呼吸や心肺蘇生が必要になる。むやみに動かさず、速やかに救急車を呼ぶことが必要である。
(2)肩関節（亜）脱臼
　選手は負傷した腕を、もう一方の手で支えようとする。三角巾などで固定して病院へ連れて行く。
(3)肘関節靭帯損傷、指靭帯損傷
　腫れがあり、ひどい場合は内出血、関節の安定性がなくなる。
(4)手指部骨折
　フィートファーストの主な傷害、骨折の場合と同じ。
(5)手指部捻挫
　腫れがあり、ひどい場合は内出血、関節の安定性がなくなる。

4）守備

フィールディング時には、ボールの捕球時、ランナー、または野手との交錯時、フェンスなどとの衝突時に傷害が発生する。

①ボールの捕球時
【主な傷害】
(1)手指部骨折
　走塁スライディング時のフィートファーストの主な傷害、骨折の場合と同じ。
(2)手指部捻挫
　走塁スライディング時のヘッドスライディングの主な傷害、手指部捻挫と同じ。
(3)打撲（イレギュラーバウンドによる）
(4)大腿部筋肉損傷（内転筋など）
　走塁のスタート時の主な傷害、下腿部肉離れ、大腿部肉離れと同じ。

②ランナー、または野手との交錯時、フェンスに衝突時
【主な傷害】
(1)頭部打撲、胸部打撲、腹部打撲、大腿部打撲
　とくに頭部、腹部打撲はひどい場合は病院へ連れて行く。また、数時間にわたり選手の状態が変わることがあるので、経過をみることが必要。状態が悪くなったら直に病院へ連れて行く。
(2)膝関節靭帯損傷（前・後十字、内・外側靭帯）
　走塁のスライディング時のフィートファーストの主な傷害、膝関節靭帯損傷（前・後十字、内・外側靭帯）と同じ。
(3)裂傷（スパイクによる）

2．野球による外傷／障害予防

　突発的に起こる外傷は完全に予防できないが、用具（バット、ヘルメット、グローブなど）を定期的に点検し、不備がないかを確認することや、十分なウォームアップ・ダウンを行なうことで、外傷をうけるリスクを少しでも低くすることが大切である。一方、オーバーユースによる障害は指導者、選手自身が努力することで、ある程度未然に防ぐことができる。指導者は、日ごろの選手のコンディションをPersonal Conditioning Check表などを利用し、把握することでオーバートレーニングを防ぎ、計画的な練習を行なわせる。とくに成長期の選手を指導する場合は、年齢を考慮したうえで計画をたてる。そして正しいフォーム（力学的に効率がよく、障害が起こりにくいフォーム）を指導する。

　選手自身もウォームアップ・ダウン（ストレッチ、アイシングを含む）をしっかりと行い、日ごろから自分自身のコンディションに気を配り、計画的なトレーニングを行なうとともに、自分のウィークポイントを筋肉痛リストなどを利用し、理解し、強化しておくことが大切である。また、野球で最も多い肩・肘の障害に対しては、スローワーズ・テン・エクササイズを行うことで予防に役立てる。

1）正しい投げ方（投手：肩・肘の動き）

　ここでの正しい投げ方とは、力学的に効率よく障害が起こりにくい投げ方のことを言う。投手の投法は、オーバー、スリークォーター、サイド、アンダースローに分けられるが、すべての投法に力学的に共通している点がいくつかある。

①アクセレーション期では、リリースポイントまで肘の高さは両肩を結んだ線と同じ高さ、または少し高い位置にある。

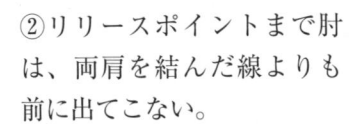

②リリースポイントまで肘は、両肩を結んだ線よりも前に出てこない。

③ボールリリース時に投球腕は、肩甲骨面上にある。

　これらのことは、投球側の肩・肘を支点にして投げているのではなく、脊柱または反対側の肩を支点にして投げることを意味している。このことにより、投球側の肩・肘へのストレスが分散されるとともに、モーメントアーム（力学的な腕）を長く使うことができるので、より速い球が投げられ、障害も防ぐことができる。

2）成長期の注意点

　成長期の選手を指導する場合、指導者は、選手の身体的特徴を知ることが大切である。成長期の選手は骨、筋力が弱く、靭帯も成人に比べ軟らかく、また関節軟骨（将来骨となって成長する）が厚く残っている。これらのことから成長期の選手のか

らだは成人に比べてもろく、リトルリーグ肩・肘といった障害が起こりやすくなっている。

野球肩の発生は15、16歳、また野球肘では11、12歳がピークになっている。とくに成長期のスポーツ障害は、無理をすると選手生命を短くする危険性があるため、指導者は日ごろから練習量などに無理はないかどうか細心の注意が必要である。

日本臨床スポーツ医学会では、成長期のスポーツ障害予防の目安として、以下のように提案している。

練習日数・時間
- 小学生：週3日以内、1日2時間をこえないこと
- 中・高生：週1日以上の休養日をとること

全力投球数
- 小学生：1日50球以内、試合を含めて週200球をこえないこと
- 中学生：1日70球以内、週350球をこえないこと
- 高校生：1日100球以内、週500球をこえないこと

これらを一つの目安とし、また選手一人一人の成長スピードにも違いがあることを考慮しながら練習計画を立てなければならない。

3）選手が痛みを訴えたとき

選手が痛みを訴えた場合、指導者はそれまでの選手のコンディションをPersonal Conditioning Check表で、体温、脈拍、練習強度、投球数などを参考に、選手がいつごろからコンディシ

ョンを崩しているのかをチェックする。そして、その痛みが全く変わらず、2～3日続く場合には専門医に診てもらう。ここで指導者は、痛みはないがコンディションの悪い選手が多数いた場合、練習計画を見直す必要がある。

4）応急処置

不幸にも、選手が外傷を受けた場合、できるだけ早く専門医に診てもらうことは不可欠だが、選手に少しでも早く復帰してもらうために、しておかなくてはならないことがある。それがRICESとして知られている応急処置である。

①RICES

RICESとは、応急処置の基本であるRest(安静)、Ice(冷却)、Compression(圧迫)、Elevation(挙上)、Stabilization(固定)の頭文字をとり、覚えやすいように名づけられたものである。研究者によりRICE, ICE-R, ICES, PRICEと違いがあるが、本書ではRICESとして話を進めていく。

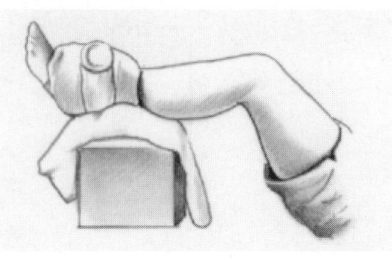

(1)R(安静)

クライオセラピー（冷却療法）の権威であるアメリカのナイト博士は「スポーツ外傷の場合、全く活動を停止するのではなく、運動量を少なくすることを意味する」と言っている。運動することで受傷部をさらに悪化させるのか、運動停止により合併症（筋萎縮、癒着の進行など）をまねくのかの判断は非常に

難しい。ひとつの目安としては、"痛み"をガイドラインとする方法。選手が受傷した場合、受傷部以外は可能な限り運動させ、受傷部は痛みが発生しない程度の運動、また痛みが発生する場合は運動を停止させる。

(2)I(冷却)
　冷却することにより痛みが軽減し、代謝が低下するために患部が必要とする酸素の必要量が減り、二次的低酸素症を防ぐことで損傷範囲を最小限にとどめる。氷をビニール袋、または氷のうに入れ、空気をできるだけ抜き患部に密着しやすいように形を整える。時間は20〜30分間を1〜2時間ごとに繰り返し、受傷後、約48〜72時間行う。
　氷を使わず市販のコールドパック（ゲル状のもの）を使用する場合、凍傷の原因となるため、直接皮膚にあててはいけない。

(3)C（圧迫）
　氷の上から、または直接バンテージなどで患部を圧迫することで、腫脹（腫れ）の形成や、内出血を抑制する。バンテージは少なくとも24時間（寝ている間も）巻くようにし、腫脹がなくなるまで続ける。バンテージを強く巻きすぎていないかどうか、常に巻いた患部より先端部位の感覚（つまんでみる）、色（紫色になっていないか）を確かめる。
　骨折、脱臼の疑いがある場合は、圧迫してはいけない。

(4)E（挙上）
　患部を心臓よりも20cm程度高く上げることで圧迫同様、腫脹および内出血を抑制する。挙上も腫脹がなくなるまで、できるかぎり継続して行う。

(5)S（固定）

　患部を副子、テーピング、バンテージなどで固定することにより、周辺部位の筋をリラックスさせ、ペイン・スパズムサイクル（痛みが筋スパズムを発生し、さらに痛みを起こす）を軽減する。固定は痛みなく運動できるまで行う。

5）筋肉痛チェック表

　選手自身を障害から守るためには、どのようなことに気をつければ良いか。選手のどの部位をトレーニングすれば良いか、また、どの部位が弱いのかを見つける一つの手段として、日体大野球部では筋肉痛リストを利用している。

　誰もが筋肉痛になった経験はあるが、どんな時に起きるのか？それは久しぶりに運動をした時、またはいつもよりも練習がきつかった時に起こりやすくなる。筋肉痛は、普段使わない筋肉を使った時や、その筋肉の能力の限界に近い運動をした後に現れ、そのピークは運動後24〜48時間といわれ、その後3〜5日で自然に消失する。この筋肉痛の生理現象を逆に利用することで選手のウィークポイントを探す一つの手段とする。

　シーズン始め、最初にボールを使って練習した時に筋肉痛が現れ、数日で消失する場合は問題ないが、なかなかとれない場合は、まだ肩の筋肉がボールを投げるための準備ができていないか、投げ方に問題があるということになる。

　また、ピッチャーやバッターが新しいフォームに変え、筋肉痛が現れた場合などは、からだのどの部位に現れたかをリストアップし、そこの部位をトレーニングすることで、各選手のフォームにあったウィークポイントを鍛えることができ、障害予防に役立つ。

第11章　野球による外傷／障害予防と応急処置

日本体育大学野球部

筋肉痛チェック表

ポジション　　　　　氏名

　試合、練習、トレーニングなどを行なった後、筋肉痛があらわれた部位にマークをして下さい。

　　　月　　日（　）　　運動の種類（赤）
　　　月　　日（　）　　運動の種類（青）
　　　月　　日（　）　　運動の種類（黄）
　　　月　　日（　）　　運動の種類（緑）

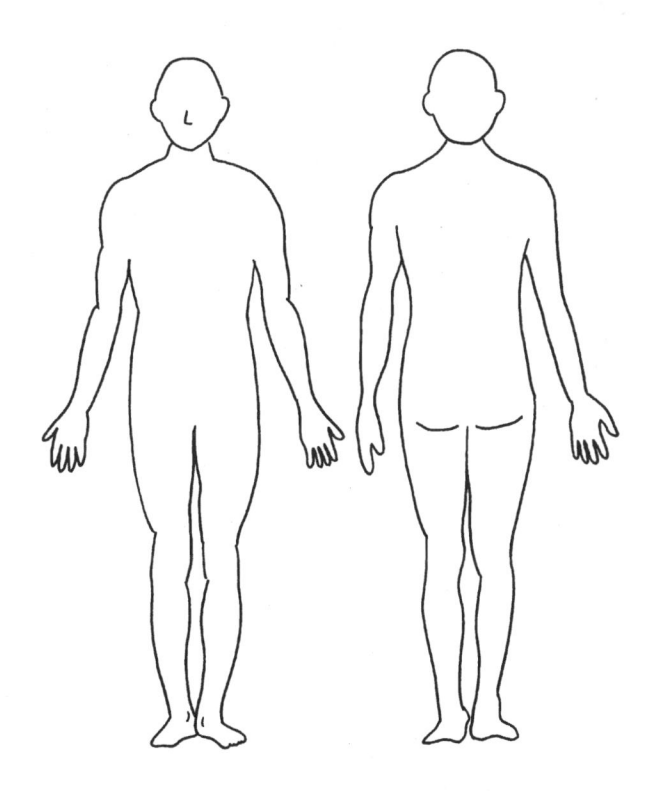

参考文献

『読んでわかる見てわかるベースボールトレーニング』魚住広信　メディカルレビュー社
『野球人のための障害予防』越智隆弘ほか編　メディカルレビュー社
『新版スポーツ外傷と障害』中嶋寛之　文光堂
『Principles of Athletic training(9th)』Arnheim DD. Prentice WE. McGraw-Hill
『Cryotherapy in sport injury management』Knight KL Human Kinetics.
『Orthopedic physical assessment(3rd)』Magee　DJ　W.B.Saunders.

第12章 ベースボール型の授業計画

大貫　克英

1、小学校高学年（5・6年生）を対象とした授業計画

　野球を始めたばかりの子供たちは、バットにボールが当たったり、飛んできたボールを捕ったりすると、何ともいえない笑顔を見せる。学校での体育や始めたばかりのプレイヤーのベースボール型球技は、すべてのプレイヤーが打って、走り、動いているボールをキャッチし、ランナーと追いかけっこをする楽しさを知ることが重要である。

　したがって、本来の野球とは目的を変え、容易に打てることを基本にゲームを展開していくことが望まれる。また、人数やレベルに合わせて、勝敗が一方的にならないルールの工夫などが大切である。そのためには、いくつかの段階を設け打ちやすい環境をつくり、打つことを体験させる工夫が必要である。

　初めてバットを持った子供が、空中を動くボールを打つことはかなり難しい。そこで、立体的（3次元）な要素を平面的（2次元）にしていくことで、打てるようになる。ボールを止め（ティーボール）、平面的（ゴロなど）に動くボールを打つこともその一例である。また、打つ道具についての工夫をしていくことも重要であろう。自分の手でそのまま打ったり、ボールを捕らえる衝突面を少し大きくすることや、操作し易い重さにすることで、打つ感触が容易に得られる。

　ボールを打つ場合、バッターの身長を大きく越えるような山なりのボールは視線が動きすぎて打ちにくい。また、高い位置からの直線的な投球も打ちにくい。できるだけストライクゾーンの低めあたりから目線、もしくは、ストライクゾーンの上限付近を頂点とした山なりのボールがタイミングがとりやすい。

守備の捕球にしても、自分から動いてボールを捕りにいくことは案外むずかしい。初めての子供たちは、空中のボールをシンバルのようにたたき、ゴロは虫を採るように上から手をかぶせる。両手を貝のように(親指、小指同士をつけて)使うことになれていないからである。手やグラブがおへそを中心に円を書くように指導してほしい。ボールも柔らかい方が捕球しやすい。また、肘、手首を柔らかくしてゴロを捕球する（ソフトハンド）ためには、まず、ボールを怖がらない習慣をつけることが大切で、柔らかいボールやゆっくりとしたバウンドから始める。

　子供たちに野球のボールの重さは投げ易いという認識を持ってもらう。ドッジボールやバスケットボールに比べ片手で扱えるため、肘や肩の力を充分使って投げることができることを体験させる。慣れている子供は、肩、肘、手首を順序良く使う振り出し投げができるが、押し出し投げになる子供もいる。色々な練習を通じて振り出し投げができるように工夫していくと、押し出している時には得られなかったスピード感が生まれる(力が入るポイントが理解できる)。また、捕球した後、ある程度コントロールされたボールが投げられるように練習を工夫していくことで実戦にも役立つ。

　この章では、これらのことがある程度できるようになり、ゲーム的要素を少しづつ加えながらゲームの流れや進め方を覚え、最終的に打つことを中心として展開されるスローピッチによるゲームを行なえるように計画した。なお、この授業計画は、小学校５．６年生を対照としている。使用する用具は素手でも捕球できるゴム製のボール、バットはプラスチック製とし、グラブは準備できれば使用し、そうでなければ手で行う。指導内容については、授業だけの生徒と、クラブなどで練習をしている生徒がいるので、幅広い内容としている。

また、子供たち自身で用具などがなくても、楽しめることを知ってもらうために、いくつかの遊びを紹介した。自分たちでルールを決め、行えるようになってもらいたい。

１）指導内容

　守備技術、打撃技術と何らかのゲームを一度の授業の中に入れることが望ましい。以下にあるそれぞれの要素を上手く織り交ぜて立案する。
①守備技術
　(1)ボールの捕球（キャッチング）／(2)ボールの送球、投球（スローイング、ピッチング）／(3)ゴロ、フライの捕球からの送球（フィールディング）
②打撃技術
　(1)バッテイング練習／(2)バント練習／(3)ペパーゲーム
③ゲーム
　(1)ゴロゲーム／(2)３角ベース／(3)ゴロを打つゲーム／(4)ティーボール／(5)スローピッチソフトボール
④留意点

２）ルールの工夫

　ゲームを行う上で、塁間は生徒たちが正しく捕球、送球し、余裕を持ってアウトにできる距離とし、レベルに合わせアウトとセーフが半々になる程度がよい。レベルが上がればアウトの確率を上げていく。うまくいく時といかない時の両方を知り、受け入れることが大切である。
　また、小人数のチームを作って行うゲームは反復の回数は20回

前後がよい。これらのことを考慮しつつルールややり方を変化させていくと良い。

3）用具の選択

　用具の選択は、まずそこに集まった生徒が怖がらずに参加できることが大切である。それと同時に、ある程度自由に使いこなせる大きさ、長さ、重さを選ぶことで使えなかったことでの失敗ではなく、使い方が悪かったので上手くいかなかった方が、次回は使い方を意識して修正するはずである。また、限られた場所で行う時のボールの選択には、とくに工夫が必要で、硬くすれば飛距離が出るし、上から投げられる丁度よい重さから軽くすれば遠くには投げにくい。これらのことを考慮し選択する。バットはプラスチック製のバットと打球面が大きいラケットのようなものやペットボトルなどでもその代わりとなる。

4）安全面の配慮

　限られた場所で行う際、打球の飛距離や方向を考えたり、複数のゲームを平行する時などは、それぞれの選手がぶつからないように配慮する。練習を行う時には、方向を決めて行うことも大切であり、バットスイングについても場所を決めたり、その付近を通らない、振り終わってバットを置いてから走るなども徹底する必要がある。生徒には、どこに危険が存在し、それを回避するための約束事をつくっておくと良い。

1時間目（ボールに慣れる）

単元のねらい　ボールを捕球する上での手の使い方（指先が上向き、下向き）を覚え、下から緩く投げられたボールを捕球することができる。低いフライやワンバウンドの捕球練習を行う。投球については帽子またはタオルなどを使い、肩や肘、手首などの使い方を覚え投球における障害の原因（肘が下がったり、テークバックした肘やボールが背中の方へ入りすぎる）に注意する。バッティングは打具を使用せず下から短い距離での投球を手で打ち返す。腕を最初から最後まで1本の棒のように使わず、肘を投球の近さによって曲げたり伸ばしたりしながら対応できるようにする。

使用する用具
- ボール……20個（2人に1個）柔らかいゴム製
- 帽子またはタオル

指導計画	時間	指導内容	留意点	実技
ウォームアップ 毎回行うストレッチングについての説明	10分	肩、肘、手首の回旋。 投球に関わる腕のストレッチング。 足首、膝、腰、股関節などの回旋及びストレッチング。 体の捻り等も行う。	ボールを投げること、打つこと、捕ることに関する各部位の動きを説明しながら行う。 必要な部分に意識を集中させて行う。1時間目にいつも行うウォームアップの方法を覚える。	
捕球の練習 高低に合わせた捕球 小フライ、ワンバウンド等捕球	10分	2人1組を作り、約5mで正面を向き合い1人がアンダーハンドで高さ（顔、胸、膝）を変化させ捕球の仕方を覚える。慣れたら1度手を叩いてから捕球してみる。	ボールなしで手の使い方を中心に説明する。 肘を体側付近にし顔の前で親指同士を合わせて捕球、膝付位の場合は肘はそのままで小指同士を合わせて捕球する。	
	5分	次に間隔を広げフライ、ワンバウンドを投げ交互に捕球する。	フライは落ちてくることをしっかり待って捕球し、ワンバウンドは膝を柔らかくしながら捕球する。	
ボールの投球 シャドウピッチング 腕振り練習	7分	帽子を持って投球動作を行う。 ①足を踏み出した状態で腕を振ってみる。 ②ピッチャーの投球と同じように足をあげた動作を練習する。	振った帽子が丁度ボールが離れる瞬間に音が鳴るようにする。 テークバック時の肘の位置が背中より後ろに入りすぎるとリリース時に両肩を結んだ線より投球側の肘が上がってこないため故障の原因となる。 足を上げ軸足に重心をため、足を腕、肘をリラックスさせながら回旋させる。投げ終わった後の形を崩さない。	音が鳴る 肘が入る　ボールが入る
	3分	2人1組でキャッチボールを行う。		
バッティング ハンドベースボール	10分	2人1組で1人はアンダーハンドで投球、1人は手のひらまたはゲンコツで相手に打ち返す。意識的にフライ、ゴロを打つ。	2人組みの距離を工夫しなるべく打者の打ちやすいボールが投げられる位置とし、打者が打つ際うまく当たらない時は少し開いてボールを見やすく構える。	5m〜7m
ウォームダウン	5分	肩、肘、手首の回旋。 投球に関わる腕のストレッチング。 足首、膝、腰、股関節等の回旋及びストレッチング。	ダウンの大切さを認識させる。 特に投げることによる筋肉のハリ等があると思うので充分なストレッチングが必要である。	

第12章　ベースボール型の授業計画

2時間目（捕球、投球、バッティングの基礎練習）

単元のねらい　両手での捕球の復習とその後のすばやい握り替えを練習する。また握り替えながら投球動作への移行も練習する。打球の処理については前週の復習と少し動いてゴロやフライを捕球する。
投球は歩く動きを動作の中に取り入れ軸足の重心が踏み出し足に移行しながらボールに力を与えることを覚える。腕を大きく使い、上げた足が着地してから腕を振る感覚を覚える。
バッティングは前週の復習（手打ち）と転がってきたボールをバットの角度を意識しながら打ち返す。また、バットを握った手（トップハンド―上方、ボトムハンド―下方）の返し方も体験する。

使用する用具
- ボール……20個（2人に1個）柔らかいゴム製
- 帽子またはタオル
- バット（プラスチック製）

指導計画	時間	指導内容	留意点	実技
ウォームアップ キャッチング練習	5分 5分	1時限目に行ったウォームアップを中心に行う。 2人1組で1人がアンダーハンドで投げたボールを高さに合わせキャッチング。 うまくできるようになったら手を叩いてからキャッチする。	前回行った内容を中心にその要点を思い起こさせながら行う。 前週の高さによるキャッチングの復習とさらに手を叩く要素を加えてみる。	捕球←手を叩く　構え
キャッチング練習 両手キャッチからの握り替え練習	10分	2人1組で1人がアンダーハンドで胸付近に投げる。もう1人はボールを両手でキャッチしすぐ投球側の手に握り替え相手にボールを見せる。	両手でキャッチした後すぐに握り替えるので落としてしまうかもしれないが早く行うことを意識させる。 また手を出す角度を工夫するとスムーズに握り替えることができる。	握り替え←捕球　構え
スローイング練習 シャドウピッチング	5分	帽子を持って投球動作を行う。 ①両肘を90度に構えた位置から行う。 ②腕を1回転させて行う。	投球等の練習を行う際には肘の位置、角度などを十分注意させ、大きなモーションでゆっくり行う。 投球する方の肘の位置が両肩のラインにあるか少し高い位置にあることを意識させる。	横　正面
歩きながらスローイング練習	5分	歩きながら下投げをする。 同様に上投げをする。	投げる側の足から反対側の足に重心が移動すると同時にスローイングを行う。 腕を回す時に投げる方の足を少し開き体を捻りやすくして行う。	
バッティング練習	15分	4人1組ピッチャー1名、バッター1名、守備は右側、左側各1名、ピッチャーはゴロを転がし、バッターはバットの角度を意識しながら左右に打ち分ける。左右10本ぐらいで交代する。バッターは捕手側の膝を地面につけて打つ。	バットの角度による打球方向の感覚を覚えるとともにバットを握った左右の手をどんなタイミングで返すと打球に勢いが出るかも確かめる。 上下の手の間隔を少し離して握ってみると感覚をつかみやすい。	F　P　F
ウォームダウン ボールの握り替えゲーム	5分	2人1組で5m～10m離れアンダーハンドでのキャッチボールを行い30秒で何回できるか競争する。 1時限目に行ったウォームダウンを中心に行う。	両手での捕球と素早い握り替えの練習を行う。 前回行った内容を中心にその要点を思い起こさせながら行う。 バッティング練習時に手首を使っているので重点的に行う。	

3時間目（動きの中での捕球、送球、ゴロゲーム）

単元のねらい　動く距離を少し長くしゴロやフライを捕球する。スムーズな捕球ができるよう走り方を工夫する。
　　　　　　　走りながら捕球し送球することも練習する。
　　　　　　　投球についてはシャドウピッチングを通じて前の足に体重がしっかりかかる感覚を覚えること。
　　　　　　　上から腕を振り下ろす感覚を覚えるためにバウンドボールなどによる投球練習も行う。
　　　　　　　バッティングは前週の角度とバットのどの部分に当たると打球が飛ぶのか確かめながらゲームを行う。

使用する用具　●ボール……20個（2人に1個）柔らかいゴム製
　　　　　　　●帽子またはタオル
　　　　　　　●バット（プラスチック製）
　　　　　　　●ベース……3セット

指導計画	時間	指導内容	留意点	実技
ウォームアップ	5分	投げることに関するストレッチを行う。走ることに関するストレッチも行う。ジグザグ走、サイドステップ、バック走なども行う。前週に行ったボールの握り替えゲームを2人1組で行う。	ボールに合わせてのランニングがはいるためあらかじめ曲線でのランニングを行う。スピードを急激に上げるのではなく徐々に体を慣らしながら加速する。ステップ等も変えて行う。スキップ等アンダーハンドで行う。	
キャッチング練習（ペッパーゲーム）	10分	3人1組で1人がボールを転がし、2人はそのボールを走りながらキャッチする。同じ方法でフライについても行う。	前2週は体が止まった状態のキャッチに対して、今週は動きの中でのキャッチとなるのでタイミングよくキャッチングができているかどうかがポイント。	
スローイング練習	10分	6人1組で3人ずつに分かれて対面パスの要領で走りながらキャッチし、走りながら相手に投げる。初めは通常のスローイングで次はゴロでも同様に行う。	やり始めはキャッチに神経が集中してしまうかもしれない。慣れてくるとキャッチしてから足を動かして投げることができるようになり、スローイングは投げる方向へ重心を移動させると投げやすいと感じるようになる。	
ゴロによるゲーム	20分	6人2組でゲームをする。ポジションは通常の内野の位置につく。塁間は12～15mぐらいとする。攻守交代はすべてのプレーヤーが打ち終わるまでとし、残ったランナーは次回の攻撃に継続する。投手はゴロによる投球とする。投手は打たせることを中心とするがコースに投げ分けても良い。バッターボックスとホームベースを作る。	空振りの少ないゲームを通じてルールゲームの進め方を覚える。ランナーをいかに進め、得点するかを打つ方向や場所で工夫する。個々の技術としてはゴロをキャッチしてからのスローイングやベースを踏んでのキャッチング、バットの角度と左右の手をうまく使いながら打球の方向と強さをコントロールすることを意識する。打ち方は前週の復習。	
ウォームダウン球入れゲーム	5分	足首、膝、腰等下半身のストレッチを重点的に行う。	ボールやベースに合わせて不規則に走る場面が多く、とくに足首、膝などに負担がかかることを理解させ重点的に行う。	

第12章　ベースボール型の授業計画

4時間目（投球の基本練習、バント練習）

単元のねらい　送球、投球時の腕の使い方を幾つかの練習方法で試してみる。とくに押し出す投げ方にならないようにしっかりと腕を振る感覚を覚える。また足下にボールを振り下ろす感覚を通常の投球にむすびつける（バウンド投げ）。
バッティングではバントの練習を開始し、バットの角度、バットの当たる部分によりゴロやフライになることを理解し、またバットの芯を意識しつつ打球の強弱をコントロールする。
6人対6人のゲームを行う。先週のゲームよりチームとしていかに攻撃するかを考えて見る。

使用する用具
- ボール……20個（2人に1個）柔らかいゴム製
- 帽子またはタオル
- バット……10本（プラスチック製）
- ベース……3セット

指導計画	時間	指導内容	留意点	実技
ウォームアップ　4人でテニスゲーム	5分	ストレッチング。4人1組で手で打つテニスを行う。正方形を4分の1に区切り、1つのエリアに1人が入り自分のエリアにバウンドしたボールを他のエリアに入れ返す。返球できなかった場合それを打った人のポイントとなる。	ボールのバウンドを考えながら、落下点に動く。バウンドしたボールに対して上手に身をこなす練習を行う。	
キャッチボール	10分	2人1組で行う。 ①2人1組で正面を向き足は動かさないでオーバーハンドで投球。 ②次に相手に体側を向け投球の基本姿勢から投球する。 ③軸足の膝を地面につきスローイング。 ④同じ要領で少し山なりのスローイングを行う。	体の捻りや左右腕の使い方を練習する。腕を大きく使う。 腕を体の前で大きく回し両肩を結んだ線まで肘が上がってから投球。投球後は片足でたてるようにする。 片足を地面につけ腕の振りとフォロースルーの感覚を覚える。 山なりを意識させ押し出すスローから振って投げるようにする。	
バウンド投げゲーム	5分	自分の足下にボールをバウンドさせ、跳び箱等一定の高さの障害物を越えさせて籠等にボールを入れる。	足下にボールを投げることにより投げるというより腕を上から下に振り下ろす感覚が身につく。メンコ遊びの要領で。	
バント練習	10分	4人1組でピッチャー1名、3塁へ各1名バッターは各方向を決めてバントを行う。	スタンスを最初はピッチャーに正対し、次に通常のスタンスで行う。強さやバットに角度をつけながら打球をコントロールする。投球の高さに合わせて膝や上体を上手く調節する。また当たった時の感触を確かめながら行う。	
ゴロゲーム	15分	6人2組でゲームをする。ポジションは野球の通常の内野の位置につき塁間は12〜15mくらい。今週は3アウト交代で行う。投手はゴロによる投球とするが打たせることを中心とするがコースに投げ分けてしても良い。バッターボックスとホームベースを作る。	前週のゲームから少し発展させ、チームとして攻撃より多くの点数が取れるように工夫する。守備側は守備位置を変化させたり、攻撃側の次の作戦を考え予測しながら守る。	
ウォームダウン　球入れゲーム	5分	球入れゲームを行う。半径10mの円の中心に地上から1mくらい上の部分に籠のような物を置き、何球入るか競争する。ストレッチングを行う。	誰もがとどく距離に籠を置く。ちょうどよい山なりの投球ができるように肩、肘、手首を上手に使う。	

5時間目（距離による投球、バナナキャッチ、Tee台を使ったバッティング練習）

単元のねらい　距離に応じたスローイング方法を知り、その距離や必要に応じ腕のスイングを変えて（フルアームスロー、アームスロー、スナップスロー）練習する。
　　　　　　　捕球と送球をスムーズに行うために、ゴロ捕球時、バナナキャッチ、送球までが一連の動作になるよう練習する。
　　　　　　　Tee台を使ったバッティング練習を行う。バットがボールのどの部分に当たるかによって、打球がゴロやフライになったりすることを知る。バットとボールが当たる瞬間（インパクト）の形を覚える。

使用する用具　●ボール……20個（2人に1個）柔らかいゴム製
　　　　　　　●バット……10本（プラスチック製）
　　　　　　　●ティースタンド……6台
　　　　　　　●コーン……6個（キャッチボールの目安として使用）

指導計画	時間	指導内容	留意点	実技
ウォームアップ	5分	ストレッチング。 4～6人1組で円を作り、サッカーのリフティングの要領で手でボールを地面に落とさないように続け、何回続くかをグループ間で競争する。	手のひらだけでなく、裏側や肘や肩などを使いながら身のこなしと同時に腕をボールに合わせ、自由に動かせるように練習する。	
キャッチボール	10分	2人1組でキャッチボールを行う。 距離に応じた腕の振り方の練習。（フルアームスロー、アームスロー、スナップスロー） ①肩、肘がほぐれてきたら少しずつ距離を開き、できれば遠投も行う。	それぞれの特徴を説明しながら実践してみる。ただし体力的に個人差があるので届かない場合はフルアームスローを中心に考える。 距離が分かるようコーンを置く。 距離をとりながら投手のように振りかぶって投げたり少し助走をつけて投げてみる。 全力で投げるよりフォームを重視。	
フィールディング	10分	6人1組（バナナキャッチ） 1人がノッカーでもう1人がファースト方向送球を受ける。他はスタートしてからゴロに合わせ湾曲し捕球してから送球する。	次への送球がスムーズに行えるようにボールへの入り方や捕球後のステップにより重心を移動させ送球する。	
バッティング ティースタンド	20分	5～6人1組でティースタンドを使用したバッティング練習を行う。バッター1人でもう1人がボールを台に置く。他は守備につき練習を行う。 片手でのバッティングも行う。	高さを調節しながら自分の一番打ちやすいポイントを覚える。 インパクトの瞬間が体の前後、どの位置にあるとよいか確認する。 つまる、およぐ感覚を体験する。 また、バットのどの部分に当たるとフライ、ライナー、ゴロになるのかを感じ、バットとボールの関係を考えてみる。ボールを台に置く生徒が打者をよく観察しアドバイスする。	
ウォームダウン	5分	2人1組で山なりのキャッチボールを行う。大きなモーションでゆっくりと行う。距離は15m前後で行う。 ストレッチング。	フルアームの大きなフォームで全身をリラックスさせながら行う。	

第12章　ベースボール型の授業計画

6時間目（捕球から送球へのフットワーク、ペパーゲームによるバッティング練習）

単元のねらい　捕球から送球まで、一連の動作で行えるようフットワークの練習を行う。捕球しながら右足、左足を踏み込む フットワークの練習をしながら踏み込む足とそれに続く足を出す。位置の違いによる特徴を理解する。バッティングは投げられたボールを打つ練習を開始する。打球面が大きく（テニスラケット、ペットボトル）空振りの可能性が少なくするような工夫も行う。

使用する用具
- ボール……20個（2人に1個）柔らかいゴム製
- バット……10本（プラスチック製）テニスラケット、ペットボトルなども用意
- ティースタンド……6台

指導計画	時間	指導内容	留意点	実技
ウォームアップ バットで羽根つき		ストレッチング。 バットでボールを上に打ち続け、何回できるか競争する。	右打ちは右手、左打ちは左手にバットを持ち、ちょうど真上に上がる場所を見つけて打ち続ける。また足腰を柔らかく安定させながら行う。	左打ち
キャッチボール	5分	①正面に向かい合い、ショウトバウンドの捕球練習をする。	待ち形が大切で指先を地面の方向にし下から上に引き上げる感覚で捕球する。	投　捕 ① ②
	5分	②同じ向きで今度は高いボールを投げジャンプしての捕球練習をする。	片手での捕球も練習する。	ジャンプ
	5分	③通常のキャッチボール。ほぐれてきたら距離をとる。	大きなモーションから徐々に腕の振りを早め、腕の使い方も大きく、小さく回旋など使い分ける。	
フットワーク練習 （ボールなしで）	5分	右足、左足による踏み込んでの捕球と送球をボールなしで行い、足のリズムやその時の上体の使い方を練習する。	捕球をする時、従来は捕ることだけでよかったが、次に送球が必要になるとその方向に勢いをつけると送球が容易になることを理解させる。	
	5分	踏み込み足とそれをクロスオーバー、継ぎ足、後ろに回す、などを意識しながら練習する。	踏み込んだ以外の足をどうステップするかで上体の使い方が変化するのでケースに応じてステップできる利点を知る。	クロスオーバー　継ぎ足
（ボールありで）	5分	3人1組。1人がボールを胸元近くにトスをし、それを踏み込みながら捕球しステップして送球する。	最初は歩きながら右足、左足に分けて練習し、慣れてきたら各人で選択し練習させる。	後ろに回す
バッティング （ペパーゲーム）	10分	4、5人1組で投手はアンダーハンドで投球しラケットもしくはペットボトルのような衝突面の大きな打具を用意、片手で打ち返す。手で打った時の要領で左右に打ち分ける。 次のバッターはキャッチャーを行う。	空中を飛ぶボールに目を慣らし、その軌道に打具を運ぶ。前回までの2次元での調整から奥行きの要素が加わっているので、タイミングよく打つためにボールの軌道に合わせやすい位置でバットを構えることが大切である。 衝突面を大きくしているのは空振りが少ないということと、面の意識を持つバッティング練習が行えるからである。バッターとキャッチャーの距離をおくこと、バッターは振り終わるまでバットを放さないことを徹底する。	F　F　F
ウォームダウン	5分	2人1組で山なりのキャッチボールを行う。大きなモーションでゆっくりと行う。距離は15m前後で行う。 ストレッチング。	フルアームの大きなフォームで全身をリラックスさせながら行う。	

7時間目（バッティング練習、ティーボールゲーム）

単元のねらい 前週に練習したフットワークを使ったキャッチボールを2人1組で行ってみる。今週はペパーゲームとTee台を使用してのバッティング練習を行ってからTeeボールゲームを行う。ペパーゲームでは投げられたボールの軌道にバットを出すことに慣れること。Tee台での練習ではバットの角度を意識しながらボールとバットが強く当たるように工夫する。また打球がゴロやフライになるのはなぜか考えてみる（バットとボールの当たり方、バットスイングの軌道）。ゲームはTeeボールゲームを行う。ベースボール型技のルールを覚える。また、状況に合わせてルールを変更し誰でもが参加できるように工夫する。

使用する用具
- ボール……20個（2人に1個）柔らかいゴム製
- バット……10本（プラスチック製）　テニスラケット・ペットボトルなども用意
- ティースタンド……6台
- ベース……3セット

指導計画	時間	指導内容	留意点	実技
ウォームアップ バントペパーゲーム	5分	ストレッチング。2人1組で1人がバッターでもう1人がピッチャー。ピッチャーはバントで投球、バッターはバントで左右に打ち分け、ピッチャーに返す。ピッチャーは動きながら捕球練習を行う。	バッターはバットの角度をコントロールしながらピッチャーを扇形に動かす。またゴロだけでなく、フライなども意識的に打ってみる。ピッチャーはフットワークを使いゴロの正面に動き捕球する。	
キャッチボール	5分	2人1組。①山なりボールやバウンドボール等で腕をほぐしながら距離を長くしていく。②フットワークを使った速い動作でのキャッチボールを行う。	今までに行った色々な投げ方の練習を思い出しながら、自分が投げるための準備運動を工夫して行う。左右いずれかの足を踏み込んで捕球する。また意識して一方の足で踏み込んだり、色々なステップを練習する。	
バッティング （ペパーゲーム）	5分	3、4人1組で行う。ピッチャー1人、バッター1人、両サイドに1人ずつ守備につく。ピッチャーは下から打ちやすい投球をしバッターは左右狙った方向、コースによって打ち分ける。10本ぐらいでローテーションする。	バットの角度を意識し、ねらった打球（ゴロ、フライ）が打てるように行う。バットとボールが上手く当たらない時はバットを持つ手の間隔を空けたり、ピッチャーの距離を近づけたり、打具を工夫してみる。	
バッティング ティースタンド	10分	5、6人1組でティースタンドを使用したバッティング練習を行う。バッター1人でもう1人がボールを台に置く。他は守備につき練習を行う。	できるだけ遠くに打てるようにスイングする。またティー台に対してどの位置に立つとどの方向に飛び、バットをどのように振ると打球はどう飛ぶのかを体験する。	
ティーボールゲーム	20分	1チーム9〜11人で編成する。1チームのプレイヤー全員が打ちアウトカウントに関わらず、ランナーは継続し、最後に残ったランナーは次の回に持ち越しとする。2〜3回をめどに行う。基本的なルールは野球と同じである。	ベースボール型球技のルールを知り、そのゲーム展開に慣れる。人数、塁間などはその時々で工夫する。人数が合わない時にエキストラヒッターとして打撃に参加するプレーヤーを作ったりする。また15人ぐらいの時には5人のチームを3チームつくり1チームが攻撃、2チームが守備とし、3チームでのゲームも可能である。なるべく全員が攻守ともに参加できるよう再出場も認めて行う。	
ウォームダウン	5分	ゆっくりとジョギングしながら、チームまでまとまってストレッチングを行う。	ゆっくり自分のペースで肩や肘を回し、リラックスしながらジョギングを行う。	

第12章　ベースボール型の授業計画

8時間目（シートノック練習、Teeボールゲーム〈3角ベース〉）

単元のねらい　練習では内野手のゴロの処理と同時に外野手のフライも練習する。今週はベースを利用しながらボール回しという形で1歩実戦に近づけた形の練習を行う。なるべく内野手に合った腕の振りで送球できるよう努りる。送球の際重心を移動させることも意識する。内野手によるシートノック練習も始める。ノッカーはテニスのラケットなどを使用してもよい。ゲームはTee台を使用し、本塁、1塁、2塁の3角ベースで行う。先週に比べ1人が打つ回数を多くする。また人数が少ないので守備におけるお互いの役割が増え、互いに声をかけながら行う。

使用する用具
- ボール……20個（2人に1個）柔らかいゴム製
- バット……10本（プラスチック製）　テニスラケット
- ティースタンド……6台
- ベース……3セット

指導計画	時間	指導内容	留意点	実技
ウォームアップ ダイヤモンドを使ったランニング	5分	ストレッチング。 本塁—1塁　駆け抜ける 1塁—3塁 3塁—本塁　タッチアップ	各組4〜5人に分かれ全体で2周する。それぞれの目的に応じた走塁の練習を行ってみる。全力でなくても良い。	
キャッチボール	5分	2人1組で行う。 ①山なりの緩い送球から始める。 ②少しずつ距離を開き遠投も行う。遠投を5、6球行ったら距離を詰める。 ③10mぐらいの距離になったらフットワークを使ったキャッチボールを行う。 ④同じ距離でゴロのキャッチボールを行う。	腕や体を大きく使いながらゆっくりと始める。 個人差があるので距離はある程度の目標を決めて後は各人の状況で判断させる。遠投をする際必ずステップや助走をつけて行うようにする。走りながらタイミングよく送球する練習である。 振り替えを素早く、小さな腕の振りを意識して行い、ボールに合わせたステップも行ってみる。 捕球姿勢を確認しながら行い、バウンドにも慣れる。	山なり 10〜15m 遠投 30〜40m フットワーク 10m
フィールディング 3角によるボール回し 内野選手のゴロ捕球と1塁への送球 外野手のフライ、ゴロの捕球と本塁への送球	15分	各組に3〜5人がつき3角ベースでボール回しを行う。 次に2人はそのままベースに残り、もう1人はゴロ捕球を行う。ホームベースの1人がノッカーとなる。ボールを捕球したプレーヤーは1塁に送球し、1塁からホームに送球する。 1人が外野に行き、ノッカーはフライ、ゴロを打ち、もう1人がカットマンとなりホームに返球する。	本塁→2塁→1塁と回しやすい方向に回し、ベースを踏みながら捕球と送球を行う。 簡単に捕りやすいゴロでよい。ゴロを捕球してから目標に向かって投げることを覚える。ゴロを捕球する時の工夫（バナナキャッチ）や捕球してからのステップなどを意識する。 外野にフライを打つ際、カットマンに当たらないよう注意する。外野でのフライやゴロの距離感を覚える。その後のスローイングは距離があるのでステップを工夫。カットマンの練習も同時に行う。	10m 10〜15m　送球 送球 ゴロ フライ、ゴロ 10〜15m　20〜30m
ティーボールゲーム	20分	1チーム5〜7人で編成する。 1チームのプレーヤー全員が打ちアウトカウントに関わらず、ランナーは継続し、最後に残ったランナーは次の回に持ち越しとする。4〜6回をめどに行う。基本的なルールは野球と同じである。	ルールは先週と同じであるが、3角（本塁、1塁、2塁）で行うのでバッターは少し角度を意識して打たなくてはならない。攻守交代が速いのでゲーム展開が実際の野球に近く体験することができる。	
ウォームダウン	5分	2人1組によるストレッチングを行う。	第9章で紹介されているパートナーストレッチングを参照しいくつかを行ってみる。力のかけ方や方向に注意し、実際に使った部分がストレッチされていることを確認する。	

9時間目（雨天時の練習、ゲーム）

単元のねらい　雨天の場合のキャッチボールやフィールディング練習を行う。
　　　　　　　捕球、送球等については今までの要素を再確認しながら練習をする。
　　　　　　　体育館等の限られたスペースで行える。ゴロを打ってゲームを展開していく。

使用する用具　●ボール……20個（2人に1個）柔らかいゴム製
　　　　　　　●バット……10本（プラスチック製）　テニスラケット・ペットボトル等も用意
　　　　　　　●ベース……3セット

指導計画	時間	指導内容	留意点	実技
ウォームアップ	5分	ストレッチング。2人1組でのバッティング、スローイングに関するストレッチングを行う。 1人1つボールを持ち、仰向けになりボールを真上に投げる。投げたボールをそのままキャッチし、また投げる。	第9章で紹介されたパートナーストレッチングのなかで打つ、投げるに関する補強的な運動を取り入れる。実際の正しい動きと同様に行うことが重要で、そのフォームで力を発揮する。肘や手首の使い方、指先の感覚を覚える練習。投げたボールが一定になり継続できるようにする。	
キャッチボール	10分	6人1組で行う。片側に3人ずつになり間隔は15m前後とし、1人が捕球し送球したら次のプレーヤーにローテーションをする。ゴロやバウンド等も交えて行う。また、フットワークを使ったキャッチボールも行う。	限られた場所なので間隔、全体の位置どりを工夫する。今まで行ったキャッチボールをその目的を思い起こしながら行う。	
バッティング	10分	3、4人1組でバントペッパーを行う。 3、4人1組でペッパーゲームを行う。左右に打ち分け、できるだけワンバウンドで打ち返してみる。	キャッチボール同様、全体の位置どりへの配慮が大切で、各組が同じ位置で練習できるよう基準となるベース等を置くなどの工夫をする。	
ゴロを打つゲーム	20分	1チーム5～7人で3角ベース。ホームから20mくらいのところにラインまたは目標物を置き、それをノーバウンドで越えてしまった場合はアウトとする。ゴロが抜けた場合はプレーを継続。3アウトで交代。	3角ベース以外にも人数や場所によっては通常のダイヤモンドで9人前後で行ってもよい。どこに打てばランナーが進塁するかを各場面ごとに考えてゲームを展開する。バントなども有効に使う。	
ウォームダウン	5分	2人1組によるストレッチングを行う。	とくに今週は座って行うストレッチングを行う。	

第12章　ベースボール型の授業計画

10時間目（スローピッチによるゲーム）

単元のねらい　実際のゲームを進めながらチームで起こる様々なプレーを全体で分析しながらゲーム展開していき、スローピッチによるゲームを行う。ゲームを通じてチームとしての連係プレーやバッティングを考えながら実行。あくまで打つことがメインのゲームなので打ちやすい条件を（投球方法、打具）工夫してみる。

使用する用具
- ボール……20個（2人に1個）柔らかいゴム製
- バット……10本（プラスチック製）テニスラケット、ペットボトル等も用意
- ベース……3セット

指導計画	時間	指導内容	留意点	実技
ウォームアップ 反応ダッシュ	5分	ストレッチング。 2人1組でのストレッチング。 スタートラインをまたぎ左右各10mの地点にコーンを置く。スターターは両手を上げ開いた方向にスタートを切る。	視覚からの情報がすぐに動作に移れるようにする。スタートを切る方向やスターターからのシグナルを変化させながら全体を見ながら反応していくことを覚える。	
キャッチボール 左右きり返しによる捕球練習	5分	2人1組で行う。 ①5、6mの距離で左右1歩動いて捕球できる範囲に下投げ。送球1歩踏み込んで捕球から送球する。 ②少しずつ距離を開き各自のペースで遠投する。 ③10m前後でフットワークを使ったキャッチボールを行い20～30秒で何回できるかを競争してみる。	打球や送球をイメージしながら行う。できるだけ捕球姿勢を崩さずすぐに握り替え送球できるステップまで練習を行う。 捕球から送球がスムーズな一連の動作になるようにステップする。 相手からの送球を待つ姿勢が重要。足を止めず常に動いた状態で準備する。	右側 左側 前週までと同じ
ペッパーゲーム	10分	3人1組で行う。 打者1人で守備は2人。間隔は6、7m離れ投げられた投球に応じて左右に打ち分ける。守備側は打球を捕球した後片方に、トスを受けたプレイヤーが投球する。	バッティングとフィールディングの練習を同時に行っていることを理解する。打者は打球の方向、強さ、バウンドをコントロールする。野手は捕球の基本を確認しつつ素早く握り替えトスをする。	
ソフトボールゲーム （スローピッチ）	25分	チームは9～10人で1、2、3、本塁。塁間は16m前後で行う。 3アウトで交代する。 投手はできるだけ打ちやすい山なりの投球をする。 2ストライク後のファウルはアウトとする。 その他のルールは通常のソフトボールと同じである。	ベースボール型球技のゲームの流れを体験し、チームとして作戦を立てながらゲームを進める。守備位置を変えるだけ多くのポジションを経験する。 誰もが打てることを目的に行うので投手は危険のない範囲でコントロールできる距離で行うと良い。また打者が打って走ることができるようなルール面、打具の工夫も必要である。	山なりのボール
ウォームダウン	5分	全体で大きくグラウンドをジョグし、軽いキャッチボールを行いながらストレッチングを行う。	ゲームの中で起こったことについてチーム内で話し合いながら行う。	

「ベースボールの原風景」
─『正岡子規』─に見る

日本体育大学大学院教授
稲垣　正浩

春風やまりを投げたき草の原　　子規

　正岡子規（1867～1902）が作った野球の俳句です。いや、この時代にはまだ「野球」という訳語が成立していませんので、正式にはベースボールの俳句ということになります。しかも、ベースボールを歌った日本で最初の俳句でもあります。

　　うちあぐるボールは高く雲に入りて
　　　　　　　又落ち来る人の手の中に
　　今やかの三つのベースに人満ちて
　　　　　　そぞろに胸のうちさわぐかな

　これらの短歌も子規の作品で、日本で最初のベースボールの短歌です。子規はベースボールが大好きで、23歳（明治22年、1889）で喀血して倒れるその日まで、ベースボールに熱中していました。とにかく天気さえよければ朝から日没までベースボールに没頭していました。宿舎に帰っても部屋のなかで黙々と投・捕球のフォームを研究していた、というほどです。この様子をみた友人たちは「子規、発狂す」といって悲しんだといいます。子規自身もこの時代をふりかえって「ボール狂」であったことを認めています。
　子規という俳号は文字どおり「鳴いて血を吐くほととぎす」からとったものです。つまり、喀血ののち医者から絶対安静を言い渡され、ベースボールができなくなってしまったわが身をなげいて「子規」（ほととぎすの異名）と名乗ることにしたからです。

　　九つの人九つのあらそいに
　　　　　　ベースボールの今日も暮れけり

若人のすなる遊びはさわにあれど
　　　　　　ベースボールに如く者はあらじ
　　久方のアメリカ人のはじめにし
　　　　　　ベースボールは見れど飽かぬかも

　いずれも子規の短歌です。これらの短歌からも明らかなように「野球」ではなく「ベースボール」という外来語がそのまま用いられています。野球という訳語が定着するようになるのは『一高野球部史』（明治27年、1894）が出版されて以後のことだと言われています。それまではみんな勝手に「庭球」「基球」「弄球」などと名前をつけて呼んでいたようです。でも、子規は短歌のなかではそのままベースボールと呼んでいました。
　しかし、子規の用いた雅号には「おや？」と思うものがあります。それは「野暮流」（のぼる）「能球」（のうぼーる）「野球」（のぼーる）です。とくに興味をひくのはさいごの「野球」です。これを「やきゅう」ではなく、「の・ボール」と読ませていました。なぜなら、子規の通称は「升」（のぼる）だったからです。
　本名は常規（つねのり）、幼名處之助（ところのすけ）。子規は子どもの頃、からだが弱く「青びょうたん」で「いじめられっ子」でした。幼名の「ところのすけ」をもじって「トコロテン」と呼ばれ、からかわれていました。これをみた祖父が、天下に名を残す人物になれ、という願望を込めて「升」という名を与えました。子規6歳のことです。
　子規はこの「升」という名前がずいぶん気に入っていたようで、「子規」の雅号がすでに一世を風靡したのちもしばしば「升」とサインしています。愛称も「のぼさん」でした。ですから、自分の大好きなベースボールと通称の「升」とをひっか

けて「野球」(の・ボール)という雅号を思いついたとしてもなんの不思議もありません。いや、それどころか、いかにも子規らしい雅号ではありませんか。

　子規がこの「野球」という雅号を最初に用いたのは明治23年(1890) 3月のことですので、それは『一高野球部史』の刊行よりも4年前のことでした。「やきゅう」という読みはともかくとして、「野球」という漢字の組み合わせを最初に用いたのは子規であったことは間違いないようです。ただ、子規の「野球」と『一高野球部史』の「野球」との関係がどのようであったかは不明です。これからの研究課題です。

　　うちはづす球キャッチャーの手にありて
　　　　　ベースを人のゆきがてにする

ベースボール・プレイヤー正岡子規の勇姿

この短歌は「子規と野球の碑」に採用されているものです。この「碑」は昭和45年（1970）5月に松山市の正宗寺に建立されました。子規のポジションは、この短歌が示していますように、キャッチャーでした。当時のベースボールのルールで考えますと、もっとも難しいポジションがキャッチャーでしたので、子規の野球への入れ込みようもわかるというものです。
　子規がベースボールに手を染めはじめるのは大学予備門（現東京大学）に入学した明治19年（1886）のことです。日本にベースボール・チームができるのは明治11年（1878）。「新橋倶楽部」がそれで、平岡熙（元新橋鉄道局技師）がアメリカから帰国してまもなくのことです。この平岡熙氏から大学予備門（のちの第一高等学校）にベースボールが伝授され、子規も直接指導を受けています。子規の記憶によれば、ちょうど同じころに工部大学校（現東大工学部）、駒場農学校（現東大農学部）に野球が伝わり、新橋倶楽部をふくめてお互いに試合をしていたといいます。それが明治18、9年ころだと言います。交流試合ができるようになった、ちょうどそのころに、子規は野球の洗礼を受けることになります。
　「（ベースボールが）ややその完備せるは23、4年以後なりとおぼし。これまでは真の遊び半分といふ有様なりしがこの時よりやや真面目の技術となり技術の上に進歩と整頓とを現せり。少なくとも形式の上において整頓し初めたり。即ち攫者（キャッチャー）が面（めん）と小手（こて）（撃剣（げきけん）に用ふる面と小手の如き者）を着けて直球（ヂレクトボール）を攫（つか）み投者（ピッチャー）が正投（ピッチ）を学びて今まで九球なりし者を四球（あるいは六球なりしか）に改めたるが如きこれなり。」（『松蘿玉液』、正岡子規著、岩波文庫）

ベースボールが、素朴な遊びから真剣勝負へと移行していく、その真っ只中に子規がいたことがよくわかります。つまり、素朴な遊びのベースボールでは、フォアボールは九球、ピッチャーはアンダーハンドの緩いボールを投げ、キャッチャーはワンバウンドしたボールを捕球していました。ところが、真剣勝負のベースボールでは、フォアボールは四球（現行ルール）へ、ピッチャーもオーバーハンドの投球技術を習得してスピードボールを投げ、キャッチャーはダイレクトに捕球することになりました。つまり、ベースボールに革命が起こり、キャッチャーはその中心に位置していたわけです。子規が血を吐くほどにベースボールに熱中していく、その理由がわかる気がします。

　　国人ととつ国人と打ちきそう
　　　　ベースボールは見ればゆゆしも

　日本のチームと外国のチームとの試合を見た感想を子規はこのように歌っています（明治31年・1898年）。どうも、あまりいい印象ではなかったようです。
　第一高等学校と在横浜米人との初めての試合は明治29年（1896）5月23日に横浜公園で行なわれ、一高が29対4で勝ちました。この試合は、日本人対外国人（アメリカ人）の初めての試合でしたので、新聞が大々的に取り上げ、大きな話題になりました。その後、外国人チームは何度も一高に挑戦しますが、どうしても勝てません。その辺のところを子規は同情して「殆ど国辱とも思へばなるべし」と記しています。
　このように書きますと、なにか一高野球部の技術が急速にレベルアップして、むやみに強かったかのような印象を受けますが、かならずしもそういうわけではありません。当時の日本は、

欧米先進国に一刻も早く「追いつけ、追い越せ」をスローガンにして、あらゆる分野で必死でした。ベースボールもそうでしたが、相手は横浜在住の外国人商社マンの集団でした。片や一高は、子規を例にあげるまでもなく、血を吐くほどの練習を積んだ、いまでいう大学野球のレベルです。これは勝って当然といえば当然なのです。しかし、当時の日本人にとってはアメリカ発祥のスポーツであるベースボールで、当のアメリカ人を相手に勝ちつづけるというのですから、衝撃的な「事件」であったことに違いはありません。こうして、日本人のベースボール熱（野球好き）は、旧制高校・大学を皮切りにして、やがて旧制中学（現高校野球）へと拡大していきます。

　子規は病に倒れてプレイを断念するや、こんどは新聞記者となって野球記事を熱心に書くことになります。さきに引用しました『松蘿玉液』は、じつは、子規が勤務していました新聞社の新聞「日本」に、明治29年（1896）4月21日より12月31日まで、32回にわたって断続的に書いた野球記事を一冊の本にまとめたものです。このときすでに子規は脊椎カリエスに犯され、下半身不随となり、病床から記事を書き送っていました。当時の野球のルール、用具、方法などについて、これほど詳しい内容が新聞に掲載されたのは、この記事が最初でした。

　この記事を書くために子規は英語表記のベースボール用語をできるだけ日本語に置き換える努力をしております。このときの子規の訳語が、多少の修正はあるものの、ほとんどこんにちの野球用語になっているといっていいでしょう。参考までに、以下に列記してみたいと思います。

　　ピッチャー：投者（とうしゃ）、キャッチャー：攫者（かくしゃ）、ファーストベースマン：第一基人（だいいちきじん）、セカントベースマン：第二基人、サードベースマン：第三基人、

ショートストプ：短遮（たんしゃ）、レフトフィールダー：場左（じょうさ）、セントラルフィールダー：場中（じょうちゅう）、ライトフィールダー：場右（じょうう）、バッター：打者（だしゃ）、ラナー：走者（そうしゃ）、フォアボール：四球（よんきゅう）、デッドボール：死球（しきゅう）、フライボール：飛球（ひきゅう）、ホームベース：本基（ほんき）、フルベース：満基（まんき）、アムパイア：審判者、ストライカー：打者、ホームイン：廻了、アウト：除外、インニング：小勝負、ゲーム：勝負、フェアボール：正球、ヂレクトボール：直球（投者の手を離れていまだ土に触れざる球）、スタンヂング：立尽（立往生）、アウトカーブ：外曲、インカーブ：内曲、ドロップ：墜落。

　こんにちのわたしたちから見ると思わず笑ってしまうような訳語もあります。しかし、子規が知恵をしぼって、ベースボールの用語を英語表記から日本語表記に変えようとする情熱のようなものも同時に伝わってきます。

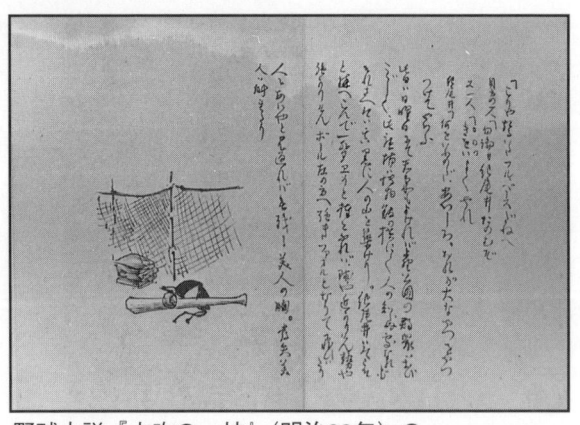

野球小説『山吹の一枝』（明治23年）の自筆原稿の一部

なお、子規はベースボールを「弄球」(ろうきゅう)と訳し(明治19年)、『山吹の一枝』という野球小説を残しています(明治23年、新海非風との合作、未完)。さきの『松蘿玉液』と合わせて読んでみてください。日本のベースボールの黎明期の原風景を知る上で貴重な文献です。

　正岡子規は俳人として、また、俳句の改革者としてつとに知られるとおりですが、日本のベースボールの歴史にとっても大きな足跡を残した重要な人物であることを、さいごに明記しておきたいと思います。

　　蒲公英(たんぽぽ)や
　　　　　ボールころげて通りけり

　明治35年(1902)の作です。死を間近にひかえた病床から、開け放った障子の向こうに見えるたんぽぽの花の横を、ボールが転がって行ったのでしょうか。あまりに長閑な、ほのぼのとした世界ではありませんか。死を眼の前にしてなお、こよなく野球を愛した、子規の面目躍如というしかありません。

監修
上平雅史（うえひらまさし）
奈良県出身。日本体育大学を卒業、現在、同大学教授。
日本体育大学野球部部長、首都大学連盟常任理事。首都大学リーグ戦優勝16回、全日本大学野球選手権出場6回、明治神宮野球大会出場10回、優勝1回。
ロシア、中南米、アジアへの野球普及活動に尽力。
著書に「野球」（ベースボール・マガジン社）、「イラスト野球」（五月書房）など多数。

著者
大貫克英（おおぬきかつひで）
神奈川県出身。日本体育大学を卒業後、青年海外協力隊員として中国天津体育学院で野球指導。現在、日本体育大学講師。
日本体育大学野球部監督。首都大学リーグベストナイン2回（捕手、外野手）。
著書に「野球」（ベースボール・マガジン社）など。

河野徳良（こうのとくよし）
兵庫県出身。日本体育大学を卒業し、日本鍼灸理療専門学校に入学、同校を卒業後、インディアナ州立大学大学院アスレチックトレーニングコース修了。渡米中、シアトルマリナーズなど4球団でインターンとして実習。帰国後は、全日本野球チームなどのトレーナーとして活躍。現在、日本体育大学助手。
日本体育大学野球部コンディショニングコーチ。
全日本アマチュア野球連盟選手強化本部医科学部委員。

大西昌美（おおにしまさみ）
東京都出身。日本体育大学を卒業後、1987年から1997年まで北海高校野球部監督。北海道大会優勝5回、甲子園出場6回（選抜2回、選手権4回）、国民体育大会出場2回、優勝1回。
1997年から1999年まで日本体育大学野球部監督。首都大学リーグ優勝1回。

宮﨑光次（みやざきみつじ）
東京都出身。筑波大学体育専門学群を卒業し、同大学大学院体育研究科コーチ学専攻修了。現在、桜美林大学文学部健康心理学科助教授。桜美林大学準硬式野球部監督。日本体育大学講師。
全日本野球会議指導者育成委員会講師、関東地区大学軟式野球連盟理事、新関東大学準硬式野球連盟常任理事。
著書に「科学的分析による野球のトレーニング体系」（一橋出版）など。

日体大Vシリーズ

野 球

発　　行／2000年7月20日　第1版第1刷
監　　修／上平雅史
編　　者／運動方法研究室(野球)　Ⓒ
発 行 人／伊藤太文
発 行 元／株式会社叢文社
　　　　　〒112-0003
　　　　　東京都文京区春日2-10-15
　　　　　電　話　03-3815-4001
　　　　　ＦＡＸ　03-3815-4002

編　　集／佐藤公美
装画・イラスト／梅澤康道
装丁・レイアウト／コズミック

印　　刷／倉敷印刷株式会社

定価はカバーに表示してあります。
乱丁・落丁はお取り替えいたします。

2000 Printed in Japan
ISBN4-7947-0341-4